人人都是带货王

徐全·著

直播电商实战指南

手把手教你3个月突破百万直播战绩

電子工業出版社
Publishing House of Electronics Industry
北京·BEIJING

图书在版编目（CIP）数据

人人都是带货王：直播电商实战指南 / 徐全著. —北京：电子工业出版社，2022.4
ISBN 978-7-121-43111-1

Ⅰ.①人… Ⅱ.①徐… Ⅲ.①网络营销—指南 Ⅳ.① F713.365.2-62

中国版本图书馆 CIP 数据核字（2022）第 045076 号

责任编辑：刘淑丽
印　　刷：北京七彩京通数码快印有限公司
装　　订：北京七彩京通数码快印有限公司
出版发行：电子工业出版社
　　　　　北京市海淀区万寿路173信箱　　邮编100036
开　　本：720×1000　1/16　印张：13.25　字数：183千字
版　　次：2022年4月第1版
印　　次：2023年9月第4次印刷
定　　价：66.00元

凡所购买电子工业出版社图书有缺损问题，请向购买书店调换。若书店售缺，请与本社发行部联系，联系及邮购电话:（010）88254888，88258888。

质量投诉请发邮件至zlts@phei.com.cn，盗版侵权举报请发邮件至dbqq@phei.com.cn。

本书咨询联系方式：（010）88254199，sjb@phei.com.cn。

序

直播电商的风口已变？趋势如何？

一场新冠肺炎疫情突如其来，很多行业遭遇重创，而直播电商却意外爆火。

这一年，直播电商领域可谓热闹非凡——

一些头部带货主播一夜走红；

杭州、广州等城市，成为直播不夜城；

美妆、服装、日用品等领域的品牌，火爆直播新渠道；

淘宝、抖音等平台巨头，纷纷加入流量争夺赛……

这一年，也是我最繁忙的一年。

我不停地去全国各地出差，广州、深圳、上海、成都、义乌……大多是一些经济较发达的城市，一方面是指导涉足直播电商的企业、商家，培训大大小小的主播；另一方面是深入直播供应链，优化直播的产品，孵化、投资新生网红品牌。

在与品牌企业、中小商家、主播等各类业内人员打交道的过程中，总有人问我，甚至，我想，可能你也有这样的疑问——

直播电商的风口怎么样呢？

它能持久发展吗？

现在又变成什么样了呢？

说到这里，我觉得，大家对“风口”这个词有一定的误解。

大家总以为，风口就是一阵风，风停了，就没了。

而事实上呢？风口是指一个行业拥有巨大的潜力，能获得高速发展的机会。而直播电商呢？它是一种新业态，它的出现，其实是商业本质发生了变化。

首先，销售路径变短了。

直播电商省去了中间商赚的差价，缩短了销售路径，降低了成本。

以我们熟悉的某些头部带货主播为例，直播电商的常见模式是，品牌商和主播团队直接合作，这就省去了以往层层代理经销的模式，减少了销售环节，降低了传统零售的引流和运营成本。

而与传统电商相比，影响力较大的主播都有一定的议价权，能为粉丝争取更多优惠和福利，粉丝从他们这里能买到更便宜的产品。与此同时，他们还能将粉丝的需求及时反馈到生产端，品牌商可以按需生产，这就缩短了产品研发及销售周期。

其次，消费者变了。

我们知道，成长于互联网时代的新一代消费者，尤其是“90后”“00后”，在消费偏好方面与“70后”“60后”有很大的不同。在产品方面，他们不仅看重产品的质量，更注重产品的外观、颜值，购物时更喜欢美观、简单、省时、环保的产品。

而在购物体验方面，他们更讲究个性化和体验感，购物时，不仅仅是为了满足购物的需求，更想从购物中获得乐趣。

消费者群体及需求的转变，最终会影响产品和销售渠道的改变。

最后，玩法变了。

直播电商的玩法，与线下零售、传统电商有很大的不同。

直播电商更注重场景化、娱乐化，更强调实时性和互动性。如在一些头部带货主播的直播间，消费者不仅能买到喜欢的产品，还能见到明星，直播间里所呈现的场景，堪比大型综艺现场，有很强的娱乐性。

此外，通过主播的展示和介绍，消费者能实时感受产品，并与主播进行互动、沟通，及时解决内心疑虑，极大地提高了销售的转化率。

同时，为了吸引和留存粉丝，主播还会通过抽奖、抢红包、发优惠券等形式，向粉丝发放福利。

总之，直播电商不仅仅是一种销售渠道和工具，它是为了满足当下消费需求，在技术的加持和新冠肺炎疫情的催发下，衍生出的一种新商业形态。

直播电商发展至今，作为在互联网行业摸爬滚打了12年的资深从业者，我亲眼见证着它的发展，每天感受着它的变化。那目前有什么新变化呢？到了2022年，直播电商又会朝着哪个趋势发展呢？

我想简单谈下我的看法，为从业者指明方向。

1. 从达人带货逐渐向商家自播转变

在直播电商发展的初期阶段，多数品牌商是找达人带货，但是由于达人带货费用贵、压价低、退货率高，很多品牌商只能将达人带货作为一种品牌宣传的途径。事实上找达人带货的品牌商并没有获得多少利润，甚至还赔钱，因此很多品牌商开始转向自播。

2. 回归商业本质，更注重产品

说起直播电商，大家的第一印象都是价格低。的确，直播电商的产品有一定的价格优势，但是随着行业不断规范，商家、消费者逐渐恢复理性，直播行业正从最初的以价格取胜，慢慢回归商业本质，无论是消费者还是商家，都更注重产品的质量、功能与价值。

3. 催生网红品牌，更适合推新品

直播电商催生了一批网红品牌，如三顿半超即溶咖啡、网红麦片王饱饱、新兴方便食品品牌拉面说等。这些网红品牌都是通过小红书等内容平台“种草”，甚至是直播途径出圈儿的。与此同时，带货主播积累了一定量的粉丝，在某个垂直领域更有号召力，因此，直播电商在推广新品时也具备了极大的优势，如花西子的腮红，就是通过直播被消费者熟知的。

4. 从公域流量向私域流量转变

随着直播电商的进一步发展，淘宝、抖音、快手等直播平台上的公域流量越来越少。为了激活、留存粉丝，实现持续变现，将公域流量转变为私域流量，实现公域精准捕鱼，私域精细养鱼，企业微信或者个人微信号成为沉淀粉丝的工具，深耕私域流量已经成为各大商家及主播的重点突破方向。

5. 向全渠道、全媒体、全链路发展

众所周知，在信息技术迅速发展的今天，为了最大化地触发、影响及获取用户，商家不再执着于某一个销售渠道或营销方式，而是打通线上线下进行全渠道销售，利用图文、短视频、移动媒体等全媒体、全链路开展营销。

以上就是我对直播电商行业的粗浅认识，具体内容可以参考本书详细内容。同时，感谢张利英的协助创作。经过半年多的时间，终于完成了本书的写作，如有不足之处，还请不吝赐教！

徐全

写于互联网之都杭州

目录

Chapter 1

直播+电商——新业态引发购物潮

Chapter 2
达人、品牌、商家——不同主体的直播策略

Chapter 3

做好准备——直播前用户、产品和主播分析

Chapter 4
策划筹备——做好内容、预热与硬件准备

Chapter 5

现场执行——注意节奏、互动与卖货技巧

Chapter 6

复盘与维护，让带货水平直线上升

Chapter 1

直播+电商——新业态引发购物潮

1.1 提前了解，直播电商的基本常识

无疑，最近几年，直播电商是最受欢迎的风口之一。

企业家、达人、店主，纷纷走入直播间带货，全民同时在线抢购。在主播、粉丝的共同配合下，直播带货的纪录一次次被刷新。

目前，直播电商迅猛发展，行业洗牌的速度也在大大加快，一场大的变局即将到来。

1.1.1 直播演变史，由纯娱乐向电商进阶

其实，直播并不是什么新鲜事物，早在2005年，直播就出现了。在十几年时间里，随着科技的进步和人们需求的转变，直播经历了由PC端向移动端的转移，而内容也由单一的秀场模式，逐渐向电商、体育、教育和社交等多个领域渗透。

1. 2005—2011年 秀场直播由萌芽到发展

直播媒介：依赖PC端，有聊天室和演唱会两种模式。

直播内容：比较单一，主要以秀场形式存在。

行业事件：2005年9158开创秀场直播，2009年六间房布局秀场，2010年YY开启直播业务。

2005年，在互联网圈创业多年的傅政军，拿着150万美元的天使投资，创办了中国最早的陌生人视频直播交友平台——久久情缘（后来改名为9158）。9158将线下KTV里的唱跳表演，以视频的形式搬到了线上，用户需要付费才能进入直播间，且可以赠送虚拟礼物进行打赏。这种秀场模式，开创了直播的先河。

同样，2005年，李学凌卸任网易主编后，创办了多玩游戏网（欢聚时

代）。2006年，随着游戏《魔兽世界》的火爆，打字指挥已经无法满足游戏队伍的需求，于是，李学凌推出了一款语音辅助工具——YY。之后，李学凌结合玩家在游戏间隙的娱乐需求，又推出了高品质唱歌房等直播功能，由此，YY在2010年摇身一变，成为直播平台。

另一个秀场的重量级玩家是六间房。2009年，经历融资不顺后负债累累的刘岩，开始转型试水做视频直播。没过多久，一位用户在直播间里一次性刷了价值7万元的礼物，让刘岩很快尝到了直播吸金的甜头，依靠这种模式，六间房在2009年就实现了盈利。

2. 2012—2014年　直播游戏出现

直播媒介：仍依托于PC端。

直播内容：游戏直播出现。

行业事件：YY、9158先后上市，标志着PC端直播终局已定。同时手游产业迅猛发展，游戏直播平台在国内出现。虎牙和斗鱼直播的上线，表明直播呈内容垂直化发展。

2012年，欢聚时代在美国纳斯达克成功上市；2014年，9158母公司天鸽互娱也登陆港交所上市。另外，游戏《英雄联盟》成为全球火爆的竞技游戏，因用户基础庞大、赛事框架与传统体育接近，使用户养成了观看其他玩家直播的习惯。

2014年，海外游戏直播平台Twitch，以高达10亿美元的价格被亚马逊收购，从此，国内游戏直播产品有了对标，资本开始疯狂涌入。同年，Acfun旗下的直播网站“生放送”正式改名为斗鱼TV，YY直播体系中也拆分出虎牙直播，边锋集团成立了战旗TV……以游戏赛事资源和签约主播为主要直播模式的各大直播平台开始混战。

3. 2015—2016年　直播电商出现萌芽

直播媒介：由PC端转向移动端，传统PC端平台劣势明显。

直播内容："直播+"内容呈现多元化。

行业事件：资本疯狂注入，直播风口爆发，大量创业者涉足，移动直播平台遍地开花，开始上演"千播大战"，全民直播时代由此开启，直播电商出现萌芽。

2015年年底到2016年年初，映客直播、花椒直播相继成立，直播一时进入井喷期，七八百家直播公司涌现，"千播大战"的大幕由此拉开。不良竞争、烧钱圈用户不断上演，一轮优胜劣汰之后，只剩下不到200家直播公司，有一定规模的直播公司，才十家左右，直播风口到此结束。

当大多玩家将眼光放在游戏直播和娱乐直播时，2016年3月，蘑菇街上线直播功能，第一个将直播引入电商领域。

两个月之后，淘宝直播也正式上线。淘宝直播功能开通第一个月，某位头部淘女郎加入了淘宝直播大潮。2016年9月，京东直播功能也上线了。

之后，淘宝和京东都发布了直播达人扶持计划，投入的资源以10亿元计。与蘑菇街相比，淘宝体量庞大，与京东相比，淘宝又拥有巨量的女性消费群体，因此直播带货更易被接受。

4. 2017—2018年　直播电商由探索期发展至拓展期

直播媒介：移动端已成为主战场。

直播内容：向电商、体育、教育、社交等各个领域渗透，直播电商逐渐成形，带货种类更加丰富。

行业事件：直播行业优胜劣汰，"百花齐放"的格局正在消散，"巨头争霸"的时代正在到来，头部平台优势明显，流量、主播和资本开始流向头部平台，直播电商呈爆发式增长。

2017年前后，游戏直播中仅剩斗鱼、虎牙、熊猫和触手四大平台，它们彼此之间争夺市场；而泛娱乐直播中只有映客、花椒、YY、陌陌四大社区终局决战。从某种程度上说，直播更多地属于一种变现工具，各大平台、各种产品都可以介入，因此，快手、抖音等积累了巨量用户的平台也开始涉足直播，直播平台生态正悄然发生变化。

2017年，淘宝粉丝量达到数十万人的李佳琦，在淘宝直播盛典中直逼前列；与此同时，某位快手主播，将快手上的流量导入了自己的店铺。

2018年3月，淘宝直播的入口从最初的第四屏，被移到了手机淘宝的第一屏，当年就拉动了1000亿元的成交总额。

同年，短视频上掀起了卖大虾、卖玉石的风潮，凭借海量的粉丝，达人们一时生意火爆。为了解决产品监管和消费者售后保障的问题，快手率先和有赞平台合作，允许主播可以在平台卖货。

也就是在这一年，淘宝、快手上的几位带货主播直接引爆了直播卖货。

5. 2019年至今　直播电商由爆发期到规范期

直播媒介：仍依托于移动端。

直播内容：产业链日趋成熟，带货品种从美妆、服饰到全品类，淘宝、抖音、快手格局基本形成。

行业事件：淘宝直播集齐一哥一姐，且呈明星化趋势，两人参加综艺节目、邀请明星做客直播间；抖音、快手短视频平台双双开启直播带货模式，平台上大小主播变身带货主播。与此同时，行业政策法规相继实施。

伴随着李佳琦“OMG，买它”成为2019年最火流行语，直播电商彻底火了。

随后，快手直播带货迅猛增长。2019年某男主播一跃成为快手的“带货一哥”，横扫带货主播榜单前五。

此时，淘宝已经集齐了“带货一姐”和“一哥”。2020年1月，拼多多上线多多直播。4月，小红书上线直播入口。与快手相比，抖音在带货方面始终慢了一步，2020年斥资签约罗永浩，才算正式将直播带货引爆。

2020年，在新冠肺炎疫情横扫全国、人民大众出行不便的情况下，直播电商被当作各行业的突破点。于是，线下商场、实体店的店员，一个个都变身为线上主播，企业老板、明星、行业大咖，也都加入直播间，开始带货。北京、上海、广州和杭州等地，也专门建立了直播电商基地。各大平台入局直播电商时间线如图1.1所示。

图1.1　各大平台入局直播电商时间线

由此，直播电商百花齐放。

而2021年，直播电商持续发展，已经形成比较完善的生态……

1.1.2　直播电商的定义与特征

此时，你可能会问：到底什么是直播电商？

从广义上讲，直播电商属于网络直播的一个分支，它是网络直播从最初的秀场直播，逐渐向游戏、教育和电商等领域渗透的过程中，独立出来的一个细分方向，本质上是一种泛娱乐直播。

具体来说，直播电商是在淘宝、京东商城等电商平台以及抖音、快手等内容平台上，主播或商家在直播间里，利用视频录制工具，为用户实时展示产品，并解答疑惑和提供客服服务，以增进与用户间的互动，刺激用户购买的行为。

简单来说，直播电商由“直播+电商”两部分构成，是主播利用直播的形式，在线上销售产品的一种行为。

一种新事物的出现，必然有其深层次的原因。除了新冠肺炎疫情的催发，直播电商爆发的原因，主要集中在消费习惯改变、内容形式优化和网络技术迭代三个方面。

1. 用户消费习惯改变，年轻用户基数庞大

直播电商社交性、互动性强，更受年轻消费者的青睐。

当下的年轻消费群体，成长于移动互联网时代，见证了短视频、直播从兴起到爆发的过程，更偏爱直观、互动性强的消费方式，而且已经习惯于移动端的线上消费。

庞大的直播用户体量，为直播电商的发展和变现提供了基础和动力。据中国互联网络信息中心发布的第47次《中国互联网络发展状况统计报告》："截至2020年12月，我国网民整体规模为9.89亿人，网络购物用户规模为7.82亿人，而网络直播用户规模达6.17亿人。"

2. 内容形式优化，同时商家正寻找新的获客渠道

相比于传统的线上店铺用图文讲解产品的形式，实时互动的直播电商更具专业性和趣味性，而且玩法更多，在产品展现上更直观、真实，更易获得消费者的信赖。

由于传统电商获客成本越来越高，商家和广告主也在寻求更高效的渠道。

根据电商财报的测算，2017—2019年阿里巴巴、拼多多和京东的获客成本不断增长。但是，直播产生的社交流量成本较低，且有明显的转化效果，于是商家转而寻求新的流量。此外，据央视市场统计，2020年广告主缩减了广告投放预算，直播电商能有效缩短转化路径，成为广告主青睐的营销途径。2021年，在直播电商中，广告无处不见。

3. 网络技术迭代，硬件设备进一步更新

科学技术的进步为直播电商的兴起和发展做了铺垫，5G时代使我们拥有更好的直播和观看体验，智能手机、直播设备的进一步发展，为我们提供了更好的硬件基础。

在这种情况下诞生的直播电商，必然与传统电商有很大的不同，具体表现在以下几个方面。直播电商与传统电商的区别如表1.1所示。

表1.1　直播电商与传统电商的区别

区　别	传统电商	直播电商
内容呈现	产品详情页及图文信息	主播导购与用户互动
属性特征	营销	娱乐+营销
商业逻辑	人找货 用户自主搜索	货找人 主播主动为用户展示产品
产品价格	价格优势不明显 价格较为稳定、日常折扣较小	有一定价格优势 利用秒杀、礼赠、降价等方式吸引用户
互动性	弱	强
转化率	较低	较高

那直播电商又有什么新的特点呢？具体表现在以下6个方面。

1. IP属性强

当今是强IP时代，平台上的主播依靠鲜明的个人特色，来吸引粉丝关注。这些主播在用户心智中拥有独特的标签，同时也成为他们的感情寄托。无论是企业家，还是明星，抑或是带货主播，都有很强的IP属性。

2. 高度去中心化

直播电商的另一特点是高度去中心化。一方面，直播电商平台上集聚了数量众多、类型多样的主播；另一方面，主播在平台上积累了大量的粉丝。主播可以直接倾听粉丝的需求，粉丝也可以从主播这里直接购买产品。综合来说，与传统电商相比，直播电商更去中心化，这也为主播提供了更多的可能性和机会。

3. 信息实时输出

在直播电商出现前，人们在电商平台购物时，对产品信息的接收，均来自商家上传的图文和视频内容的单项输出，这些图文和视频内容是经过商家精心拍摄和编排等美化之后的产物，消费者并不能真实、直观地感受和判断产品，这也是经常出现“买家秀”搞笑图片的原因。而直播电商的出现，实现了视频、音频甚至是多媒体文件信息的远程实时传播，让身处异地的消费者，能和卖家共同出现在一个场景里。

4. 现场互动性强

社会学家欧文·戈夫曼曾提出“互动仪式”一词，兰德尔·柯林斯曾说：“社会中的大部分现象，都是由人们的相互交流并通过各种互动仪式形成和维持的，互动仪式是一种人们相互关注和情感连带机制。”

“现场+同场+互动”是直播电商的典型特征，在直播平台上，主播在直播时，不仅能介绍产品，还能和用户进行现场互动，及时沟通产品的相关问题。这种互动频率，远远高于传统的移动电商和社交电商，这种方式也更容易让用户产生信赖感和满足感。

5. 场景构建真实

直播信息的实时输出，让主播有了更多的发挥空间，同时也为用户提供了开放性、场景化的对话方式。主播在直播间可以向用户分享自己的观点和生活日常，除将直播时的语气、用词、表情和动作实时传达给用户外，还能让用户更好地感受主播所处的环境、场合以及氛围，有效拉近主播和用户之间的距离，增强用户黏性。

6. 变现能力强

直播电商，顾名思义就是用直播的形式做电商，这里重点强调的是电商。因此，在直播中所利用的一切形式、互动等，都是引导消费的辅助手段，直播电商是在观看过程中购物，也就是将用户的注意力转化为购买力，从这点来看，直播电商的商业价值和变现能力，高于其他类型的网络直播。

1.1.3 像电视购物？直播电商的优势与不同

前面我们介绍了直播电商产生的原因和特征，下面我们来讲一下直播电商的优势。

从某种程度上来说，相比于传统渠道的电商，直播电商是对“人、货、场”的一次彻底转型。一方面，直播电商基于用户生命周期，构建了新的营销体系；另一方面，直播电商和用户之间，建立起了更为深度的链接。下面我们从三个方面进行阐述。

1. 直播电商更能体现4C理论的优势

在移动互联网影响下，传统的4P（产品、价格、渠道、促销）营销力量转变为4C（消费者、成本、便利、沟通）理论，直播电商将4C理论体现得淋漓尽致。

首先，用户通过直播的形式，不仅可以购买到高性价比的产品，而且可以边看边购买，获得更好的体验感。其次，省去中间商赚差价的环节，成本更低。再次，厂家和用户之间触达更为便利。最后，主播带有很强的IP属性，能与用户建立起高度信任，沟通效果更好。

另外，直播电商明显的优势是“品效合一”，也就是说，直播电商除能销售产品外，还能帮助企业有效建立和传播品牌，即主播在直播的过程中，完成了品牌理念和品牌认知的传达。

2. 直播电商更容易获取用户的信任

这一点很容易理解，为了吸引更多用户的关注，主播就要输出有趣、有料和有用的内容，来获取用户的信任和支持，尤其是能争取到全网最低价的主播，更容易获得用户的欢迎。由于带货主播具有强IP属性，且与用户之间互动频繁，用户对其有很强的信任感。

3. 协助传统企业更彻底实现互联网转型

传统企业要想实现转型升级，逃脱不了“网络协同+数据智能”的途径，而数据智能化升级的关键在于，与用户建立链接，并对其进行全方位的画像、互动和价值创造，这就需要企业打造私域流量，建立自己的流量池。直播电商可以很好地吸引用户，并将其转化为私域流量，从而使企业实现互联网转型更为容易。

另外，直播电商爆发后，很多人直言，直播电商并不是什么新鲜产物，只不过是早年的电视购物，换了一个播放渠道而已。虽然直播购物与电视购物有很多相似之处，但是直播电商的发展空间远超电视购物。

与电视购物相比，直播电商有以下不同。

1. 用户时间转移

目前，由于智能手机的普及，用户将大量的时间和注意力，都放在抖音、快手、淘宝等直播内容平台上，而放在电视机上的时间和精力寥寥无几。直播电商和电视购物在用户群体方面，有较大差别：直播电商用户主要是年轻群体，而电视购物的用户是喜欢看电视的老年人群体。

2. 互动形式升级

在某种程度上，电视购物仍属于单项输出，消费者只能通过电话订购等方法，来对商家进行信息反馈。而直播平台的互动形式就比较丰富，用户可以通过转发、点赞、评论，以及在直播间的停留时长，来对主播进行反馈，以使主播或机构的选品及沟通能力得到提升。

3. 评价体系完善

与电视购物相比，直播电商有更完善的评价体系。为了使主播群体形成良性的自然筛选机制，直播平台将带货评价体系纳入了流量分配政策。平台依据每个主播粉丝群体的复看率、活跃度、直播间停留时长、下单转化率和售后满意度等多维度指标，为主播分配流量资源，从而使直播生态向优胜劣汰的正向循环发展。

1.1.4　意义重大，直播电商带来新突破

从诞生起，直播电商的发展就突飞猛进，无论是带货品类，还是最后的成交额，都赚足了大家的眼球，那直播电商到底有什么重大意义？又带来了什么新突破呢？

1. 从产品端看，直播电商提升了垂直领域线上渗透率

直播电商的一个重大意义，就是突破了某些非标垂直类目的线上渗透率天花板。

我们在前面提到过，传统电商几乎都属于货架式自动搜索电商，仍停留在用图文的形式描述产品，非常适合标准化产品的销售推广，这就为机票、酒店等标准化程度较高的产业提供了发展机会，也成就了携程、去哪儿等在线旅游产品巨头。同理，由于3C及家电等品类标准和价格较为统一，也促使京东在早期实现了高速扩张。服饰鞋帽类产品，虽然样式、风格多样，但大部分细分品类有一定的标品属性，不过，目前淘宝等平台还是难以取代线下的服装市场。

对于大部分非标品类而言，线下的讲解和推荐效率，要远远高于线上的图文介绍。因此，在传统电商时期，线上电商平台并不是家具、珠宝首饰的主要销售渠道。但是，由于直播电商可以进行实时互动，且能直观地看到产品的形态，对于某些非标垂直类目，有一定的突破意义。

2. 从用户端看，直播电商能发现用户非计划性需求

从2019年起，电商平台内容化。作为一种深度挖掘用户全生命周期价值的方式，无疑，直播是电商平台内容化的最好承载手段。

电商平台的社交化和内容化，有利于刺激用户非计划性购物。有数据显示，社交场景有利于激发非计划性购物："61%的人曾被好友推荐购买了非计划购买的产品，30%以上的消费者经社交平台达人的推荐，产生了购买非计划性产品的冲动。"

众所周知，拼多多自从创建起，就激活了一批三四线城市用户的线上购物需求，而电商平台新入驻用户基本上也是这个群体。对于这些用户来说，在购物决策方面，因为接收的信息较少，所以更容易受电商主播的影响。

3. 从产业链看，直播电商加快了供给端产品开发速度

直播电商对消费者偏好反馈比较及时，从而使供应链产品的开发速度得到很大提高。就拿女装产业链来说，传统服装品牌商通过订货会的方式进行销售，一般每年有两次到四次上新，而代理商订购新品则需要提前六个月；2015年左右，一些微博网红首次实现了与消费者直接对接，从而使供应链的上新频率改为每月一次或两次；而后随着淘宝、抖音、快手等直播带货的兴起，女装供应链又实现了新的提速。

1.2 上中下游，摸清直播电商产业链

说起直播电商，首先映入你脑海的是什么？主播？网红？MCN机构？抖音、快手平台？抑或是品牌？商家？其实，在直播电商生态中，主要有五大角色——直播平台、主播、MCN机构、商家和消费者，这五大角色构成了一条完整的产业链，各自发挥着不同的功能。

1. 淘宝、抖音等直播平台

直播平台是直播活动的组织者和规则制定者，制定直播规则，决定流量分配方式。

2. 主播及所在的MCN机构

主播及MCN机构是直播内容的创作者，他们对直播的质量及效率起决定作用。

3. 品牌商、经销商、制造商

品牌商、经销商和制造商是发起和推动方，作为供应链服务的起点，具有“牵一发而动全身”的作用。

4. 消费者

消费者是直播电商的销售对象，是产品的最终接收者。直播电商产业链各环节的关系如图1.2所示。

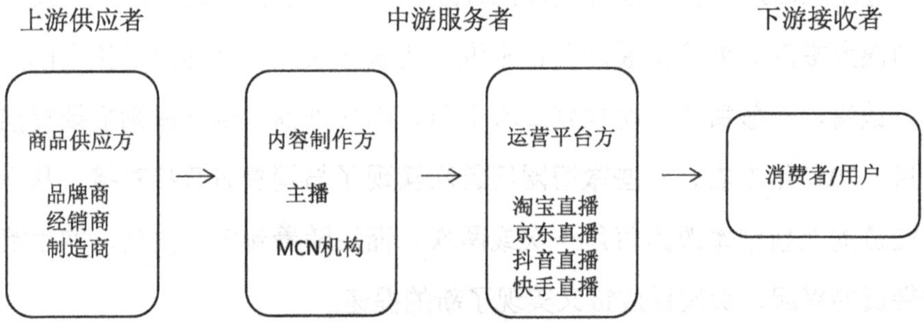

图1.2　直播电商产业链各环节的关系

一场直播电商交易的完成，离不开产业链各环节的紧密配合，一个部分出现问题，会影响后续所有活动。

1.2.1　上游：品牌商、经销商或制造商

不难理解，直播电商的上游是产品供应方，主要包括品牌商、经销商或制造商。

产品供应方主要为主播供应产品，作为供应链服务的起点，可以起到“牵一发而动全身”的作用。

直播电商供应链与传统电商供应链有很大的不同。主播的加入，使消费者的需求、反馈，能更快、更清晰地反映到产业链上游。另外，主播聚集了大量的粉丝，粉丝对产品的话语权有了大大的提升，这更有可能影响到供应链前端产品的设计、生产和采购，进而推动供应链服务中的仓储物流、支付结算服务等其他服务的升级。直播电商供应链服务如图1.3所示。

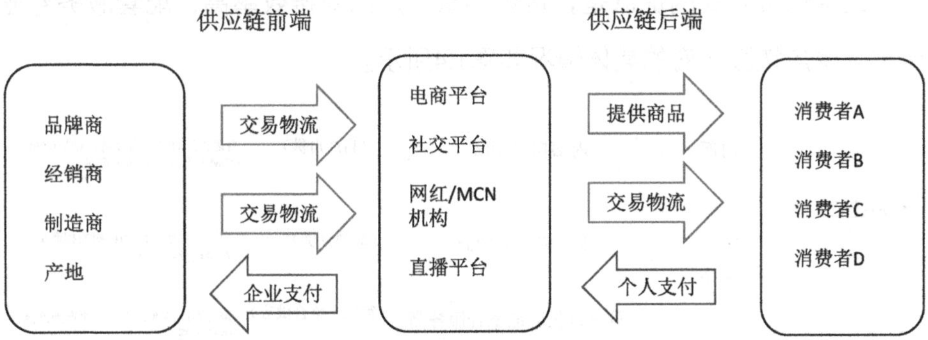

图1.3　直播电商供应链服务

目前看来，主播销售的产品主要有两种供应方式：一种是由内部自有团队提供；另一种是由外部的品牌商和第三方供应链整合服务商提供。

1. 内部自有团队

现实中，由内部自有团队担任的供应链，一般是主播团队建立的自有品牌，或以OEM（托厂商按原厂需求生产）、ODM（定牌生产和贴牌生产）模式生产的定制品牌产品。从货源供给方式来看，内部供应链服务商属于自产自供。

但是，目前大多主播不具备自主研发能力，在品牌设计上存在诸多问题，如原创水平低、特色不足，部分定制产品甚至涉嫌抄袭等。

2. 零售终端品牌商

这种方式比较好理解，是品牌商以品牌直供的方式为主播提供货源。其缺点是，在佣金比例、直播排期等方面协商流程烦琐、对接效率较低。

3. 第三方供应链服务商

这种服务商是将不同品牌、工厂、原产地的产品进行整合，搭建产品池供主播选择产品。由于货源丰富、货源对接效率高，这种方式成为大多数主播的主要供货商。

这种供货方式的优点是，货源丰富、产品对接效率高、配套服务专业全面。供应链服务商的具体情况如图1.4所示。

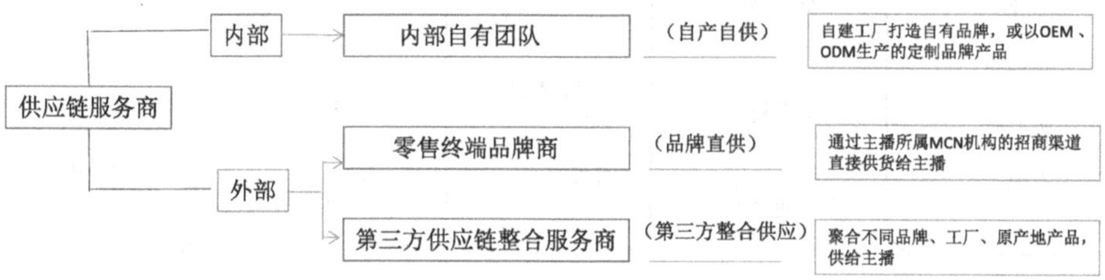

图1.4　供应链服务商的具体情况

1.2.2　中游：MCN机构、主播及平台渠道

直播的中游产业链，由平台渠道、MCN机构和主播三部分构成。

1. 平台渠道：掌握主导权，提供场景和维护服务

在直播电商产业链中，平台掌控主导权，其发挥的作用是，负责搭建和维护场景，制定相关规则并要求带货的各方遵守。

平台的主导权主要体现在：掌握流量分配权、制定规则权和提供场景服务，具体内容如表1.2所示。

表1.2 平台主导权的主要内容

流量分配	不同平台流量分发逻辑不同： • 淘宝直播：流量分发 • 抖音直播：算法推荐 • 快手直播：社交+私域
制定规则	• 制定直播时主播应遵守的规则 • 制定电商相关规则，如产品保证金和抽拥比例 • 制定主播接广告相关规则
场景服务	• 平台构建直播场景，商家入驻应进行资质审核 • 提供供货渠道

目前，直播电商平台主要有两种形式，一种是以淘宝为代表的电商平台，另一种是以抖音为代表的内容平台。

（1）电商平台：偏交易属性，品类丰富，商业转化率更高。

淘宝、京东、拼多多等电商平台，是通过开通直播间、引入主播的方式来实现电商直播的；如几位知名度很高的带货主播在淘宝上开通直播间，作为主播入驻进行卖货活动。

（2）内容平台：偏社交属性，用户黏性较强，渠道更加下沉。

内容平台，如抖音、快手和花椒直播等，需要接入第三方电商平台来完成购物，如抖音平台，是在直播间卖货时，接入淘宝或京东的购物链接，进而实现卖货。

2. MCN机构：连接平台和主播

MCN机构连接B端和C端，以孵化主播为基础，整合营销、带来收益。从B端用户来说，MCN机构帮助平台管理创作者账号，提供资源，与广告主对接等；从C端用户来说，MCN机构为主播提供内容增值服务，履行内容产出、运营和流量曝光等职责。

MCN机构的核心是为主播提供基础服务，通过主播签约、能力培养、内容制作、流量曝光、商业变现等一系列动作，进而实现商业变现。

（1）主播签约。

在各类平台上挖掘潜力较大的主播，签约并确定合作模式和发展类型。

（2）能力培养。

针对主播擅长方向和自身资源等情况，对主播进行专业培养并指导内容产出。

（3）内容制作。

根据客户需求和热点事件，对主播的内容创作进行指导、辅助。

（4）流量曝光。

根据主播的产出内容方向，有针对性地在各大平台进行投放，同时提供一定的商业活动，以提高知名度和获取粉丝量。

（5）商业变现。

对主播生产的内容产品进行营销推广，进而实现变现。

3. 主播：既服务于品牌主，又服务于消费者

在直播电商产业链中，主播在供给端为品牌主提供服务——为品牌主做推广，缩短转化路径；而在需求端为消费者提供服务——节省消费者时间，满足用户的娱乐化需求，主播在供给端与需求端所起到的具体作用如表1.3所示。

表1.3　主播在供给端与需求端所起到的具体作用

供给端	为品牌主做推广	头部主播粉丝基础庞大，通过为品牌主做推广的方式，提高品牌的知名度
	缩短转化路径	购物模式的转变，缩短购买路径，节省了广告主推广成本
需求端	节省消费者时间	主播专业的选品能力和强大的议价能力，为消费者提供性价比高的产品，从某种程度上说，为消费者节省了购物时间和试错成本
	满足用户的娱乐化需求	主播利用内容输出，用图文、视频或直播的形式，满足用户娱乐需求

目前明星/艺人、专业主播、总裁/企业家、政府机构、各类达人等，都走进直播间，充当主播的角色，进行带货。有些直播活动，是由一个主播带货，有些是强强联合的主播组合，如专业主播+政府机构（央视）。主播类型、特征及优势如表1.4所示。

表1.4　主播类型、特征及优势

主播类型	特　征	优　势
明星/艺人	粉丝基础大、流量号召力强	更容易获得消费者信赖，同时品牌方能利用视频营销推广，有效降低成本
专业主播	电商营销经验丰富，选品团队强大	跟消费者沟通密切，能精准捕捉消费者的需求和心理
总裁/企业家	品牌方代表，拥有产品信任背书、深入了解产品	能够提供专业化产品使用说明，并有效降低推广成本，能给消费者更多优惠
垂直类达人	背景专业、见解深刻	在某个垂直领域具有专业背景和深刻见解，更易被消费者信任
政府机构	县长、市长等政府人员，以偏公益性质为贫困地区带货	一是有政府机构背书，更易获取信任；二是偏公益性质能有效降低成本

1.2.3　下游：消费者拥有更大的自主权

不难理解，直播电商产业链的下游是消费者。与传统电商的消费者相比，直播电商中的消费者，在购物特征、决策和动力因素方面，有很大的不同。

1. 直播电商消费者的特征

（1）伴随互联网而生，乐于接受新鲜事物，喜欢网络社交互动，容易被种草。

（2）崇尚消费主义，以消费为消遣方式；对价格敏感度高，容易被低价、团购吸引。

（3）多从短视频用户而来，喜欢并且习惯视频媒介；能接受长时间观看直播，可支配时间较多。

2. 直播电商对消费者决策的影响

传统电商购物中，决策链长、影响因素多，消费者在每个环节都可能流失，而直播电商从用户关系、连接方式和场景特征等方面都减少了不利因素，从而提高了转化率。

和传统电商相比，直播电商对消费者在每个购物环节上的影响，有较多优势。直播电商与传统电商在购物环节的影响如表1.5所示。

表1.5　直播电商与传统电商在购物环节的影响

购物环节	传统电商	直播电商
需求阶段	用户在购买环节需求不够，情况分为三种： • 无需求 • 可买可不买 • 有需求，注意力被转移	直播电商会放大消费需求： • 有效激活沉睡用户，增强用户连接程度，提高用户活跃度 • 利用高性价比、强信任刺激计划消费需求 • 通过口碑传播、体验分享诱发非预算潜在需求
决策阶段	用户对产品存疑： • 对产品细节不够了解，心存疑虑 • 产品价格吸引力不够，用户持观望状态 • 产品无评价/有负面评价	有效影响决策路径： • 专业选品和超低价提升产品吸引力 • 直接交互、及时答疑，降低用户疑虑 • 亲密连接，感知变化，适时调整
购买阶段	购买阶段犹豫不决： • 支付不便 • 没有马上下单，注意力被转移 • 加入购物车后遗忘	强化购买冲动： • 利用秒杀、限量等饥饿营销手段，刺激下单 • 通过发红包、赠品等方式营造气氛，调动消费积极性

3. 影响消费者直播购物的驱动和阻碍因素

对消费者来说，直播购物的确有非常大的吸引力，但同时也有许多不足之处。关于直播购物中的购物理由和常见问题，中国消费者协会给出了以下答案。

（1）驱动因素。

据调查，消费者观看直播购物的第一个原因是出于消费刚需；第二个原因是看中直播产品的性价比和优惠力度，第三个原因才是直播购物所带来的新鲜感和获得感。

（2）阻碍因素。

在直播购物中，消费者最担心的第一是产品质量和售后问题。第二则是产品虚假宣传。谈起直播，消费者反馈最多的词汇是夸大其词、虚假宣传、夸大宣传。第三则是冲动消费。

1.3 群雄相争，各直播平台的运营特点

现如今，直播带货平台已呈现淘宝、快手、抖音“三国杀”的局面，此外，各大互联网公司也都在紧锣密鼓地布局直播电商业务：微博推出“微博小店”，斗鱼上线“斗鱼购物”，百度也推出了“百度直播”。微信小程序、陌陌、知乎、小红书、网易考拉、京东、拼多多、蘑菇街等，也都在集中发力，探索出了自己的路径。直播带货平台分三个梯队，详情如图1.5所示。

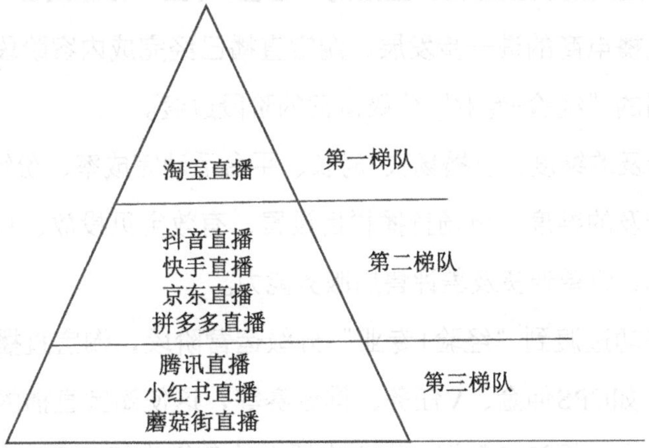

图1.5　直播带货平台的三个梯队

在众多直播平台中，淘宝发展最快，快手和抖音紧随其后，三者堪称带货三驾马车。

1.3.1 淘宝直播：直播卖货的主战场

2016年，淘宝正式推出直播功能。2018年，淘宝直播的成交额从百万元跃至千亿元，同比增速将近400%。2019年，超过一半的天猫店加入直播行列，数百位总裁和董事长也带头走进了直播间。阿里巴巴2021财年三季度财报信息显示，到2020年12月31日，淘宝直播带来的网站成交金额（Gross Merchan dise Volume，GMV）超过4000亿元。

蓄力多年，淘宝直播在行业竞争中一直处于领跑位置，年成交增速超100%。据最近《直播电商购物消费者满意度在线调查报告》显示，直播电商中使用淘宝直播的消费者占比最高，达68.5%。

1. 淘宝是专业性强、导购属性强、用户购物欲强的电商平台

相比抖音、快手等短视频平台，淘宝本质上属于电商平台，在专业性、导购属性和用户购物欲上更有优势。相比京东、拼多多等电商平台，淘宝直播已经有几位等头部主播，早入局带来的流量和品牌优势使淘宝直播成为直播卖货的主战场。

2. 淘宝直播的流量逻辑：主播的“经验+专业”分级运营

随着直播电商的进一步发展，淘宝直播已经完成内容阶段的运营，目前正向主播的“经验+专业”分级运营的阶段过渡。

经验涉及的维度：直播场次+时长、平台活动完成率、粉丝留存率。

专业涉及的维度：单场直播栏目设置、有效宝贝投放、月直播订单、进店转化率、订单退货及差评售后服务能力。

为了成功过渡到“经验+专业”分级运营阶段，淘宝直播制定了各项竞赛机制，如CPS佣金、V任务、排位赛等，这使淘宝直播的流量集中于头部主播身上。据淘宝数据，淘宝直播上的几位头部主播就占据了近一半的总成交额，剩下的一半则被成千上万的小主播抢占，流量分配十分不均匀。

3. 中小商家可通过自播和V任务入局淘宝直播

对于中小商家来说，淘宝直播的缺点也显而易见，佣金高、内容模式单一。中小商家想要入局淘宝直播，可以通过自播和V任务两种方式。

（1）自播。

自播，顾名思义就是自己搭建直播间，这种方式主要是做私域流量，而要想获取公域流量，就必须有优秀的直播数据，即直播时长长、复购率高、点击率高等。这些相对较难完成。

（2）V任务。

V任务则是在阿里V任务平台发单，但问题是头部主播抽佣高、收费贵，腰部主播缺少流量、推产品难度大，因此，中小商家的投入未必会有相应的回报，这也是淘宝直播面临的难题之一。

1.3.2 抖音直播：最适合种草的直播平台

自2018年起，抖音就开始试水电商，先后推出了产品橱窗（电商引流）、抖音小店（类似淘宝店）、鲁班电商（付费推广）等形式。而后，依靠高质量的内容，抖音不断推进直播带货进程，并给予各种政策扶持，用事实证明了抖音的变现能力。

1. 抖音内容娱乐性强，前期可做种草短视频

抖音带货，自带娱乐基因，在正式做直播带货前，先做一些内容以娱乐为主的短视频，对用户进行种草，在符合平台规则的情况下，不断积累流量。因此，与淘宝卖场模式不同的是，抖音的消费逻辑是，用户先看到了心动的内容，进而产生购物需求。随着抖音的不断发展，抖音的电商业务明显转变了思路，力求摆脱向电商平台导流的方式，通过广告收入实现变现，重新自建电商策略，加速直播电商的步伐。

2. 抖音的流量逻辑：重算法轻粉丝

重算法轻粉丝的流量逻辑，成就了抖音母公司——今日头条。与微信搜索和社交的信息推荐模式不同，抖音的算法核心是将内容和用户进行匹配，然后再通过系统进行精准推荐。有人将这种逻辑叫作内容导向的计划经济。

在抖音平台上，系统会依据各因素加权计算出一条视频的指数，进而分步骤进行推荐。播放率、评论率、点赞率和完播率是衡量视频权重的关键因素。直播电商也基本延续这个流量算法，只不过直播电商还涉及转化率、复购率等参数，这使抖音流量的分发有了更多的挑战性。

3. 抖音流量巨大，但仍有改进空间

虽然抖音的流量巨大，抖音也在直播入口和主播推荐方面都做了改善，但是抖音平台更重内容、抽成较高、进入门槛较高，仍有很大的改进空间。

总体来说，中小商家想通过抖音平台卖货，最重要的还是要摸透平台流量规则，一边引流，一边做好私域流量的运营。

1.3.3 快手直播：兼具媒体电商双重属性

早在2018年年底，快手平台上关于商业需求的评论每天就超过190万条，用户的购物需求已经十分强烈。目前，快手小店购物车已经和淘宝、天猫、京东、拼多多、有赞、魔筷及自建小店等电商平台合作。

1. 快手粉丝黏性强、内容接地气

快手同时具有媒体和电商的双重基因，日活已经突破三亿人次，目前已成为国民级平台，快手的私域流量具有强互交性、高黏性等特点。

做好快手直播，重在树人设。快手的内容分发偏社交属性，粉丝和主播之间有很强的黏性。快手的用户基本分布在三四线城市，大部分主播出身草根，快手的视频内容十分接地气，比较容易让粉丝产生共鸣。

2. 快手的流量逻辑：社交+兴趣

快手的内容推荐是基于社交+兴趣，且采用去中心化的“市场经济”，平台“发现”板块的内容呈双栏展现，内容的粉丝到达率30%~40%。这种流量逻辑使流量分配制度更加普惠，根据用户的社交关注和兴趣，平台会推送相关视频。这种主打“关注页”的推荐，有利于加强创作者和粉丝的链接程度，提高彼此的黏性，沉淀私域流量，从而产生信任度较高的“老铁经济”。

下沉市场和中小品牌使快手迅速成长，但用户群体的属性也让快手在发展过程中暴露出一定的局限性。对于中小商家来说，快手门槛低、用户多、赚钱快，但是要想在快手上获得更多的流量，就必须树立接地气的人设、产出持续性的内容，与粉丝建立较强的链接。

1.3.4 京东直播、拼多多直播，各具特色

1. 京东直播：更重视品牌营销

作为电商零售巨头，京东2016年上线直播功能后，在直播领域也一直没停下探索的脚步，京东时尚推出的“京星计划”、京东购物圈小程序启动的“超级合伙人计划”，以及达人孵化计划、“超级直播日”系列活动……都取得了不错的战绩。目前，虽然京东在电商平台中仍居第二，但是京东在直播带货方面并没有突破性的发展，当然，这也是因为在直播模式上，京东没有完全跟风其他平台，而是考虑自身的全产业链优势和平台特质，侧重于品牌营销。

2. 拼多多直播：主打农业新品牌

2019年11月，拼多多就开始内测“多多直播”。2020年1月，拼多多直播功能正式上线，用户只要点击便可进入多多超级直播间。直播间里有服装、百货等产品，参与直播的大多是拼多多商城的商家和线下的门店。

疫情期间，拼多多在全国多个省市打造“市长县长直播带货”活动，

帮助多地农户卖水果蔬菜，由此开启了其直播带货的新方向。与其他平台不同的是，拼多多在直播带货领域，率先选择了比较难的项目——直播助农，之后，拼多多与全国各地的农产品产区以及政府进行合作，利用市县长直播、万人团、产地直发等模式，协助各地农产品打造农业新品牌。

1.3.5 腾讯、蘑菇街、小红书，持续发力

1. 腾讯直播的流量逻辑：工具化的社交裂变

腾讯直播，重在利用腾讯生态内的私域流量。商家直播间在微信生态内可以实现无阻碍互动、传播，还能利用朋友圈、微信号、公众号进行裂变宣传，将公域流量进一步转化为私域流量。

腾讯主要以“小程序直播”的工具形式，在微信系统内的所有业态（个人微信、朋友圈、公众号、微信群、企业群、广点通）内，以去中心化的方式获取流量。

商家利用微信生态的链路，也可以实现一个完美的变现闭环。但需要注意的是，要想在微信直播上取得良好的卖货效果，就要在微信上有自己的私域流量，这样才能利用微信号、社群、公众号，以文字、语音、图片的形式引流。

简单概括，微信直播强在私域流量的运营，只有订阅内容的用户才能观看直播，但是目前平台也在公域流量方面进行持续探索。

2. 蘑菇街：最早试水直播电商业务

蘑菇街作为最早试水直播业务的平台，直播业务已经初具形态。根据蘑菇街公开的财报显示：蘑菇街的直播电商经济已经连续三个季度呈快速增长态势。

2020年疫情期间，蘑菇街联合多家品牌举行线上直播活动，无论是女性潮流单品、美妆彩妆，还是食品家居，都取得了不错的成绩。后来，在“618”“双11”“双12”购物节，蘑菇街平台直播成交总额同比增长依次

高达185%、82%和167.87%，成交金额破千万元的腰部主播有15位。

虽然蘑菇街在直播电商领域持续发力，陆续推出了“星启计划”“美力计划”等扶持政策，但至今，蘑菇街在电商方面的整体表现，仍然无法与其他大平台相提并论。品牌和流量方面，蘑菇街没有抖音和快手孵化网红的机会，更没有淘宝和京东的实力。因此，进行转型调整，甚至探求新的出路，仍是蘑菇街的重点命题。

3. 小红书：入局直播电商较晚，但仍有潜力

以种草平台著称的小红书，于2019年6月初开始直播内测，虽然平台上集聚了众多的达人、网红，但是由于入局直播较晚、政策扶持不够、电商业务拖后腿，前期小红书直播并没有做出多么出彩的成绩。

此后，小红书从直播间到笔记逐步开放内测淘宝链接，先后邀请壹心娱乐CEO杨天真、李佳崎前助理付鹏、奇葩说前冠军肖骁等直播带货，取得了不错的成绩。

小红书直播包含“直播+笔记”、连线直播、红包、直播带货等各种玩法；在数据上，呈现出高转化、高复购率、高客单、低退货率等特征。助力新生品牌破圈，也是小红书的一大契机，如在完美日记、花西子、半亩花田等品牌的破圈上，小红书功不可没。

小红书深耕内容和社区，具有很强的内容优势，笔记分享的模式为其带来了大量的黏性用户。后来小红书逐步完善的相关政策，也激励着观望中的主播和卖家。一位MCN直播机构负责人表示：“虽然小红书在直播电商上慢了一拍，但如果能拿出差异化的打法，依然有戏。”

1.3.6 总结：属性、分发逻辑与带货模式

针对前面介绍的主流带货平台，我们从入局时间、属性和购买方式等方面进行了归纳，以便从整体上对其进行对比和了解。

1. 各大平台入局时间、属性、购买方式和带货模式

表1.6 各大平台入局时间、属性、购买方式和带货模式

平　台	入局时间	平台属性	购买方式	KOL属性	产品属性	带货模式
淘宝直播	2016年	电商	淘宝	头部主播集中	淘宝系内全品类	商家自播、明星直播、达人直播模式兼具
京东直播	2016年	电商	京东	垂直化主播培育	京东电商全品类	商家、达人+品质供应链
快手直播	2017年	社交+内容	快手小站、淘宝、有赞、魔筷、京东、拼多多	头部主播较分散	百元内低价产品为主	达人直播、打榜、连麦等
抖音直播	2017年	社交+内容	抖音小店、淘宝、京东	头部主播较为集中	美妆+服装百货	短视频+达人带货种草转化
拼多多（多多直播）	2019年	社交+电商	拼多多	暂无头部主播	农产品+百元以上的中高端产品为主	商家、产地直播
腾讯直播	2019年	社交+内容	有赞	以商家店铺直播为主	服装、美食、数码等有线下店铺的产品	公众号+小程序直播
小红书	2019年	种草基地	小红书商城	头部主播不是很突出	美妆、时尚品	达人、商家（直播+笔记）

2. 各大平台分发逻辑、平台优势和扶持政策

表1.7 各大平台分发逻辑、平台优势和扶持政策

平 台	分发逻辑	平台优势	扶持政策
淘宝直播	• 机器算法 • 兴趣推送 • 热门流量	• 完整产业链 • 用户群体规模大	• 10万名月入过万主播培养计划 • 100家营收过亿元的MCN机构培养计划
拼多多	• 机器算法 • 去中心化 • 社交裂变	• 下沉用户数量增长快 • 潜在微信引流用户超过12亿人	• 百亿补贴 • 多市与国务院扶贫办达成战略合作带货
快手	• 粉丝关系+兴趣推送 • 去中心化	• 多元市场 • 老铁经济 • 购买闭环 • 营销活动	• 万村主播扶持政策 • 新人主播流量支持免技术服务费 • 百亿流量支持MCN成长
抖音	• 机器算法+内容推送 • 相对中心化	• 内容、用户优质 • 主打种草 • 短视频广告变现高	• “百万开麦”计划 • 10亿直播流量扶持计划 • 小店入驻绿色通道
微信	• 微信公众号/小程序嵌入 • 朋友圈 • 附近的店 • 微信发现 • 付费广告	• 12亿个用户 • 最大的私域流量平台	• 免费SaaS服务商技术服务 • 优质服务商资金奖励 • SaaS千帆计划

3. 各类平台直播电商的情况对比

表1.8 各类平台直播电商的情况对比

平 台	传统电商平台	娱乐内容平台	导购社区平台
特征	产品类型丰富，供应链较完善，直播作为拉新转化工具	流量优势明显，以直播切入，探索流量变现	同时具备电商和娱乐内容属性，以直播作为导购场景的拓展

续表

平　台	传统电商平台	娱乐内容平台	导购社区平台
主播类别	商家自播为主	以达人主播为主	以导购达人主播为主
用户画像	以消费为导向	以娱乐为导向	以种草和购物为导向
产品画像	SKU（库存量单位）丰富	白牌或品牌产品为主	白牌或垂直类产品为主
成交路径	平台自成交	跳转第三方电商平台为主	平台自成交为主
转化率	中等以上	较低	较高
典型平台	淘宝	抖音	蘑菇街

综合来说，每个平台都优缺点并存。重点是要根据自己的需求去选择适合的平台，如果在微信上的老客户较多，则可以直接用微信直播；如果有店铺或产品比较有优势，则可以使用淘宝直播；同时也可以根据自己的产品定位，去其他平台引流带货，如果产品偏时尚则可以考虑在抖音上做直播，如果产品的性价比比较高，则可以选择快手。

1.4 如何选择？两种常见直播带货模式

随着直播电商持续发展，网红、明星、企业老板不断加入，一时间将直播电商推上了高潮。虽然他们都是名人，但是仔细分析，会发现他们的身份和带货模式，有很大的不同。例如，KOL达人，他们是和品牌商家合作，作为中间平台，向粉丝们推荐产品；而企业负责人，本身就是品牌方（商家），属于直接向粉丝卖货。

目前，直播电商的模式主要有两种，一种是以网红IP（人）为中心的KOL达人直播，另一种是以产品（货）为中心的商家直播。

1.4.1 达人直播：KOL本人就是招牌

KOL达人直播，顾名思义，就是在垂直领域有公信力和号召力的圈内达人与品牌商家合作，依靠粉丝对自己的信任，以直播的形式向粉丝推荐产品的行为。这些KOL达人往往已经在某一平台积累了一定量的粉丝，一般情况，能带货的达人的粉丝至少有几十万个。

例如，祝晓晗是一位在抖音拥有4866.2万个（截至2021.6.20）粉丝的短视频达人，她的视频内容以分享一家人有趣的生活为主。被粉丝们称为“最难嫁网红”的她，在2020年3月7日，和唯品会合作，开启了卖货直播。3月7日，祝晓晗连续发了3条短视频进行引流，其中一条视频的标题直接定为“我正在直播，点击头像进来哦”。这3条视频当天累计播放量破亿次，这场带货直播带来1370万人次观看，祝晓晗的粉丝也一下子涨了42万个。

当晚，在直播间，粉丝们可以看到，祝晓晗和助手为大家试着衣服，熟练地介绍每个产品的细节。一场直播直接带来5万多单的下单量，不少粉丝还惋惜地称“没买到”“适合自己的码被抢完了”。经过这场直播，3月8日，祝晓晗直接登上抖音小店达人榜“直播分享热榜”冠军席位。

据了解，除了祝晓晗，抖音头部达人陈三废gg、浪胃仙、网不红萌叔Joey，甚至是央视著名主持人，都纷纷涌入直播卖货的浪潮。

1. 达人直播粉丝易买单的原因

活跃在各大平台上的达人，依靠个人魅力和能力，本身就积累了一定的粉丝量，自带流量和话题性。如果他们推荐的产品和自身标签、粉丝需求有较高的匹配度，就很容易被粉丝们接受。尤其是种草型达人，因为粉丝自带购买属性，转做直播电商更为容易。

总体来看，达人直播粉丝易买单的原因有四点：

（1）粉丝黏度高、容易产生信任感。

（2）粉丝较为精准，产品符合用户需求，容易促成下单。

（3）达人才艺惊人、内容有趣，能吸引粉丝。

（4）产品价格合理、质量较有保证，让粉丝有消费冲动。

以“口红一哥”为例，在人们心目中他就是美妆达人，他推荐的产品自然容易被接受。同时，关注他的粉丝同样是有美妆需求的群体。而且，看过他直播的人都知道，在他的直播间里，每次都邀请各大明星做客，时不时上演脱口秀、偶像剧，效果堪比综艺节目现场。在这种情况下，如果产品价格合理、质量有保障，围观的粉丝很容易下单。

2. 选择达人直播的优势

粉丝通过直播买达人推荐的产品，一方面能买到有保障、价格便宜的产品；另一方面又能打发时间、消遣娱乐。那商家为什么要和达人合作呢？达人直播有什么优势呢？

（1）商家和自带粉丝的达人合作，自然会吸引人们的眼球、博取人们的关注，从而给品牌和产品带来更多曝光，提高品牌认知度。

（2）达人利用自身强大的号召力，能卖出更多产品，大大增加产品的销量。

（3）这种模式还能使厂商（或不知名的品牌）和达人实现完美互补，同时解决了达人有流量难变现、厂家有产品没流量的难题。

在这种情况下，商家们纷纷找各大平台的达人进行合作。但需要注意的是，不是所有商家，都能请得起头部达人，也不是所有达人，都适合推荐所有商家的产品。

3. 各平台的达人分级

目前，抖音、快手等平台及淘宝直播间里的达人，粉丝少则几万个、几十万个，多则几千万个。根据达人的粉丝数量，我们将其分为头部达人、肩部达人、腰部达人和尾部达人四类。不同达人类型、粉丝数量及其影响力如表1.9所示。

表1.9　不同达人类型、粉丝数量及其影响力

达人类型	粉丝数量	影响力
头部达人	1000万以上	粉丝量庞大，影响力堪比明星
肩部达人	500万~1000万	有较高的影响力和大众认知度
腰部达人	100万~500万	细分垂直粉丝较多
尾部达人	10万~100万	粉丝基数小但更垂直精准

商家在选择合作达人时，可以根据自己的需求和预算，做出正确的决策，也可以利用以上四种类型，进行组合。

（1）先和头部或肩部达人合作，引爆话题。

（2）再和腰部达人合作，进行大范围覆盖传播。

（3）最后和尾部达人合作，完成精准产品输送。

在和达人合作时，商家可以同时配上营销信息，以最优性价比、多频次内容分发。

4. 达人直播的付费模式

商家找达人直播卖货，是以什么模式进行合作的？目前常见的方式是达人充当卖货渠道或中间平台，然后收取佣金提成，常见的付费形式有两种。

（1）服务费+佣金模式。

直播带货圈比较常见的付费形式是一定费用+产品销售额佣金。佣金的比例一般在10%~30%，根据产品品类和达人知名度有所不同。关于服务费，不同机构说法不同，有些为MCN收出场费或广告费，有些则为优化产品、制作视频和推广费用。服务费一般会在合同签订之日支付，佣金因为涉及后期退货等问题，结算会延后一些时间。

（2）纯佣金模式。

纯佣金模式对品牌或店铺有一定的要求。目前淘宝直播的纯佣方式只

接受淘宝链接，产品价格最好保证全网最低，店铺综合评分要在4.6以上，而且店铺还有一些基础销量。这种形式对新开店铺和一般卖家来说，比较有难度。这种合作模式，佣金比例均在30%以上，有些高达50%，甚至70%，比较适合美食、美妆等高毛利、高消耗的产品。

5. 选择达人的方法、标准

除了考虑达人的粉丝量和价位，商家在选择达人时，还需要从哪几方面进行考虑呢?

（1）锁定达人，做好精准投放。

商家首先要根据受众人群，确定达人的人物标签和内容标签，以选择相应垂直领域的达人；接下来，再根据预算来确定达人的粉丝量级。需要注意的是，商家在选择时不一定非要找头部达人，也可以找腰部尾部的达人，因为腰部尾部达人的粉丝垂直精准，转化率可能更高。

（2）关键看达人粉丝黏性和转化能力。

考量达人的转化能力，不能只看粉丝量，还要看达人与粉丝的黏性。例如在抖音平台上，视频的点赞量、评论量、分享量等数据，可以作为衡量粉丝活跃度的标准。对于开放“产品橱窗”的达人，我们也可以根据橱窗里的产品销量来判断达人的带货能力。

（3）对达人进行相关背景调查。

在筛选出相关达人之后，商家还要根据达人的视频表现、粉丝画像、舆论数据等信息，来判定达人是否存在数据造假等情况，去除不符合标准的达人，进一步缩小达人选择范围。

（4）是否存在长远合作价值。

找达人直播带货，商家不能将其看作一次性买卖，而是要综合考虑达人是否有长期合作的价值。商家可以从达人是否具备持续输出优质内容的能力、达人的粉丝量是否处于上升趋势等方面进行考量。如果商家和达人初次合作效果良好，则可以考虑长期合作。

当然，一场成功的直播，不仅需要一个优秀的主播，还需要具备优秀运营能力和选品能力的团队，以及稳定的供应链货源团队。这些内容将在后面进行详述。

1.4.2 商家直播：好产品才是王道

一说到直播卖货，大家想到的更多的是达人直播，其实在淘宝直播等平台上，绝大多数的是商家直播。商家直播的意思很好理解，就是品牌方、厂商、店铺等卖货的主体，直接通过直播平台，向粉丝（消费者）卖货的行为。

为了方便理解，我们将品牌方、厂商和店铺统称为商家。这些商家的主播，并不是第三方达人，而是内部的员工、导购或老板本人。

例如，沈女士是浙江海宁皮革城里的一位普通卖家，做了20年皮革生意的她，一个偶然机会接触到了直播电商，从此之后她便开始尝试用直播卖货。 开始直播间几乎没什么人，她一个人站着连续讲了六小时，将皮衣的选料、剪裁、款式介绍得明明白白，可惜没成交一单。不过，在她的坚持下，一周后她卖出了第一件衣服；等粉丝涨到280人时，她又卖出了一件价值2万元的皮衣；2个月后，她直播间里的粉丝量达到了2万多人。如今，她表示，店铺里一大部分皮衣的销量，都来自直播间。沈女士说：“在实体店里卖衣服，我要向每一位顾客，讲一遍产品。可在直播间里，则是同时向千万名顾客介绍产品。”

其实，在海宁皮革城里，像沈女士这种变身主播的，不止她一个。海宁皮革城里做直播的店家数量，已经达到几千个。可以说，直播电商盘活了无数线下实体店。商家直播既然也能取得良好效果，那对于品牌商家来说，到底是选择达人直播，还是商家直播？这两种模式有什么区别？

1. 达人直播和商家直播的不同

（1）达人直播是以“人”为中心，商家直播是以“货”为中心。

达人直播的特点在于人格化，粉丝是基于对达人的人格认同，才来关注他，进而完成下单购买的；而商家直播则是以“货”为中心，消费者是基于对产品的信赖，进而关注店铺、进入直播间购买的。

（2）达人直播中，粉丝属于冲动消费，商家直播中，粉丝本身就有消费欲望。

在观看达人直播中，粉丝基于对达人的信赖，和其产生共鸣，在其推荐下产生购买冲动；而看商家直播的人，本身就有购买欲望，是带着消费目的来观看直播的。

（3）达人直播中卖货没有限制，货品上新快；商家店铺只能卖规定产品，货品上新较慢。

达人卖货可以和多家品牌、厂商进行合作，卖货品类、种类没有限制，且能根据消费热点，及时上新产品；而商家，尤其是淘宝店铺卖家，由于定位、货源和渠道不同，上架的产品品类、种类有限制，且存在各种影响因素，货品上新比较慢。

（4）达人直播属于被动加入，商家直播则主动。

达人直播，一般是在品牌商家找上门之后，达人根据商家需求进行直播；而商家直播，则是根据自己的需要和店铺活动，来直接安排直播。当然，现在也有专门做带货直播的达人，主动找品牌厂商合作，但是现实中仍以商家找达人的情况居多。

2. 达人直播的缺陷与不足

前段时间，一篇文章——《阿迪达斯花30亿买的教训》刷爆朋友圈，讲的是阿迪达斯花了高昂的费用，请所谓的达人直播卖服装和鞋子，表面上是取得了良好的效果，但是最终对品牌的伤害却很大。因为在这种模式里，产品价格变成了第一位、带货主播是第二位，品牌反而变得没那么重要了。

总结来看，用达人直播带货，有以下三种不足：

（1）达人带货直播时，顾客属于冲动消费，图的是价格便宜，退货率高。

（2）请达人直播带货，费用高昂，不如自己培养主播。

（3）在达人带货直播间，主播同时推出多家产品，流量不够精准。

据统计显示，看似场场爆单的达人直播，实则顾客的退货率极高，同时还要给达人高昂的费用。虽然品牌商家用达人带货，在短时间内可以提升知名度和销量，但是最后的结果，很可能是白忙活一场，没钱赚。众所周知，现象级卖货达人之所以能获得粉丝们的欢迎，是因为他们找的货确实便宜。就连罗永浩在入驻抖音直播时，打出的口号都是："不赚钱交个朋友。"

这样的话，对于商家来说，一方面产品的价格被压到了最低；另一方面商家又要付高额的费用给主播，相对来说，流量也并不是十分精准。所以，一场看似火热的直播活动，最后受益的并不是商家，而是平台、主播和消费者。

3. 商家直播的优势

商家直播有什么优势呢？为什么这种直播模式，是大多数商家的必走之路？

（1）商家直播，能省去高昂的达人费用，根据自身情况培养主播。

商家及各大电商店铺，都可以内部选择主播卖货，还可以使各大主播无缝对接不间断直播。另外，对于在各大城市都有线下店的品牌，各位导购都可以变身主播，在线上进行产品销售。

（2）商家直播最大的一个好处就是流量精准。

商家亲自直播，不仅可以做到精准销售，还可以吸引更多的粉丝，沉淀私域流量，从而带来更多的后续转化。

（3）造福偏远地区的果农、渔民和小手工业者等卖家。

以前，这些偏远地区的卖家和上游供应商合作，没有议价能力，如果遇到天灾，简直是灭顶之灾。而直播电商可以让他们直接和消费者链接，或者直接和一些小商店、小超市，甚至是小市场合作，这样，这些卖家的收益既能得到保证，消费者也会得到一定的优惠，从而实现共赢。

（4）以产品为中心，而不是以低价吸引顾客，持续提高品牌竞争力。

最重要的是，商家除了特殊的促销活动，不用刻意降低价格，而是以自身品牌和产品吸引消费者，从而实现品牌的持续升值。

所以，无论是从经费、效果，还是长远的发展来考虑，商家直播才是大多数商家的选择。

Chapter 2

达人、品牌、商家——不同主体的直播策略

2.1 达人型直播——从吸粉到卖货，再到持续卖货

达人型主播，一般是利用优质的内容来吸引粉丝关注，并赢得粉丝信赖，进而通过短视频或直播向粉丝推荐产品。这种舆论导向型意见领袖的影响重在前期，能引导粉丝由最初“知道”某产品进而变为对某产品感兴趣，而销售导向型意见领袖则可以刺激粉丝由积极了解某产品转变为下单购买某产品。KOL影响消费路径如图2.1所示。

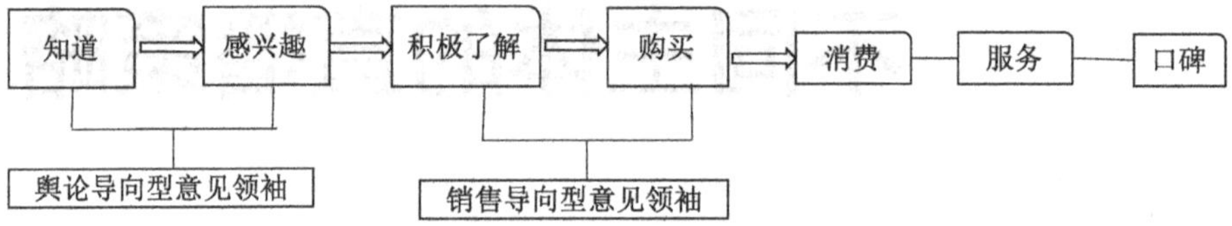

图2.1　KOL影响消费路径

头部带货主播拥有庞大的粉丝基础，影响力大，一场直播的销售额，少则百万元、千万元，多则上亿元。

关于这些头部带货主播，你想了解什么呢？

2.1.1　头部带货主播有什么带货秘诀

目前最有热度的几大主播，无非是淘宝直播的“一姐”“一哥”，抖音平台的罗永浩，等等，这些头部带货主播的影响力堪比明星，带货成交额巨高，年销售额超过部分国内线下商场。这些头部带货主播到底有什么带货秘诀？为什么能做出如此惊人的销售成绩呢？

1. “淘宝一姐”：淘宝直播全品类带货女王

“淘宝一姐”的直播间就像一个微缩版的聚划算，这里集聚了各式各样的好物，在这里，粉丝们不仅可以买到超低价的产品，还有机会享受抽

奖、抢优惠券等福利。

该主播在淘宝直播的主播中属于最早的一批。她曾在线下开过实体店，有一定的商业积累，销售经验丰富；她还做过淘女郎，熟悉淘宝生态，了解顾客喜好。她曾受淘宝邀请，最早加入直播，和淘宝直播深度捆绑，一起成长，相互成就。

该主播的直播是从卖服装开始的，现在其直播间的产品品类越来越丰富：大米、拖把、鸡毛掸子、学习机……凡是能卖的，无所不卖，基本能满足所有粉丝的需求。该主播十分重视粉丝的需求，组建了20多人的团队，专门通过微博、抖音、微信、淘宝和直播等渠道，挖掘粉丝的需求。而且她还有一个200多人的团队，全面负责选品，选品流程十分严格。与此同时，她重视产品的性价比，挑选的产品几乎都以全网最低价销售。截至2021年6月20日，该主播淘宝粉丝7659.4万个，居主播达人榜第一名。

2. 依靠抖音引流的“口红一哥”

某位“口红一哥”起初只是欧莱雅化妆品专柜的一名美容顾问，后来才转型做直播带货。带货的产品集中为美妆产品，尤其是口红。凭借成功挑战“30秒内给最多人涂口红”的世界吉尼斯纪录，被人们称为“口红一哥”。后来在抖音平台发布与阿里创始人“PK卖口红”的短视频，迅速走火。

该主播虽为淘宝主播，但是真正让他火起来的平台却是抖音。2017年12月，该主播入驻抖音，最开始发布的作品并无个人特色，2018年，粉丝也仅有13万个。而2019年1月2日，他发布的一条“新年必抢口红，这款你一定要买！”视频，获点赞122万个，此后一直保持稳定的内容产出。因其独具特色的人设和性格，以及标志性口号“Oh my god，买它”，从1月到3月，短短两个月，他的粉丝量就突破了千万个。

这位“口红一哥”能够成功突围，靠的是专业的美妆知识和极具特色的个人表达。在抖音上，他会给每一个视频贴上醒目的标签，这大大提高了视频的播放率。在内容上，他的每个短视频都是围绕美妆产品，尤其是在口红细分领域，他堪称第一人。与此同时，他夸张的表达和爽朗的性格也很吸粉，他常挂在嘴边的口头禅“Oh my god, 我的妈呀，太好看了吧，amazing，买它！买它！”等，成为他标志性的语言，引起了无数人的模仿。截至2021年6月20日，该“口红一哥”的淘宝粉丝为4462.1万个。

3. 罗永浩：转战电商主播的“流量选手”

有媒体称，“在制造话题这件事上，大概可以把人分为两类：罗永浩和其他人。只要有他在，就永远不缺噱头和目光。”不难看出，罗永浩不同于在直播领域深耕的“淘宝一姐”和“口红一哥”，他是带着流量和关注度入场的。受抖音平台邀请，2020年4月1日，罗永浩在抖音平台直播亮相，首场直播累计在线观看4892万人次，带货销售额高达1.1亿元。

罗永浩的“交个朋友”直播间，是目前唯一一个比较有影响力、男性观众占比高达80%左右的直播间，这就决定了他的直播风格有所不同。罗永浩直播带货的产品，除了一些3C数码产品，还包括家居日用品、休闲零食和新奇产品等。虽然前期罗永浩带货屡遭“翻车”，但是他有良好的态度和解决事情的能力，后来发挥一直比较稳定。

2020年5月底，罗永浩在淘宝上开了一个“交个朋友专属店”。8月底，罗永浩直播频率由一周一次改为一周两次。9月底，在播出的“脱口秀大会三”决赛中，罗永浩声称，负债6亿多元的他目前已经还了4亿元，其中两亿多元，是参与另一家公司和做直播电商赚的钱。

虽然罗永浩的直播销售额并不是每次都过亿元，但是他仍旧算得上是有影响力的头部带货主播。凭借自身的话题性、出色的宣传文案，以及特殊的男性受众和物美价廉的产品，截至2021年6月20日，短短半年多的时间，罗永浩的抖音粉丝量已达1794.4万个。

2.1.2 头部带货主播有哪些必备特质

为什么这些头部带货主播在直播带货方面能取得如此好的成绩？究其原因，除了与他们本身敏锐的嗅觉、敢于尝试和肯付出的精神有关，还离不开他们强烈的个人风格、优秀的选品能力、强大的议价权和背后团队的支撑。

1. 强烈的个人风格

几位头部带货主播的形象都十分深入人心。首先，从定位上来说，“淘宝一姐”是全品类带货，她称自己的粉丝为“我的女人们”，她就像我们身边的一位大姐，爽朗、爱操心，总能为大家搞到便宜货。而“口红一哥”则是美妆达人，是女孩们的“美妆顾问”，他的直播间氛围活跃，“Oh mg god，买它”“Unbelievable”“我的妈呀，太好看了吧”“Amazing”这些夸张且极具煽动性的语言，让他的个人风格极具特色。最后，提起罗永浩，人们不由自主会想到一系列标签，如“理想主义”“还债”“说相声”“情怀”，等等。罗永浩本身就是一个极具个人风格的话题人物。

2. 优秀的选品能力

在直播带货中，主播的表现直接决定了直播的观看量，而对直播转化率起决定作用的，无疑是产品本身的质量。纵观三位头部主播，他们都有严格的选品流程。“淘宝一姐”的团队在选品上，对产品的质量要求极高。选品能力，也是她的核心竞争力之一。她有一个200人的招商选品团队。想要找她带货，商家应至少提前一周在网上登记。而且只有官方旗舰店、品牌商和直营商，才有资格报名；如果产品的动态评分低于4.8分，或者全网评价中质量有问题，那就根本不用考虑走进她直播间。产品即使通过了初筛的环节，最终也未必能够入选。经全网比较之后，只有排名行业前三的产品，才有机会被选上。此外，选品团队还会从口味、包装、生产日期等方面，对产品一一进行考察，经过了试吃、试用打分等几轮审核，综合评分最高的产品才会被送到该主播的手上。最后，该主播还要亲自体验产品，对于不满意的产品她还拥有一票否决的权力。

“口红一哥”在选品方面，建立了一支质检团队，成员都是研究生以上学历，有研究食品安全出身的，也有做化工测试的，正是这些专业人才的严格把关，让他对自己直播的产品充满信心。

3. 强大的议价权

想通过头部主播带货的品牌非常多，因此，头部主播拥有主动权，完全可以决定跟什么品牌合作、合作什么样的产品、以什么价格进行合作。站在品牌方的角度，虽然与头部主播的合作压低了利润，但是考虑到头部主播带货直播对品牌曝光有好处，还能省下一笔广告费，品牌方还是愿意找头部主播带货，这也让头部主播掌握了更大的主动权。

除了对合作品牌有强大的议价权，深入供应链端的主播在定价方面有着天然的优势。很多头部主播在与商家合作时表示：“自己的供应链团队在拿货时，标准必须低于其他渠道的10%。”比如，商家原本卖一个产品赚一角，但是如果销量是一千万个，即使赚一分，商家也会乐于与头部主播合作。

另外，头部主播实力雄厚，有时为了回馈粉丝，还会对部分产品进行补贴，最后以最优惠的价格给到粉丝。这些优势，是一般主播不能比的。

4. 背后团队的支撑

在直播时，我们经常看到的是主播一个人在忙活，但实则支撑起整个直播顺利进行的，是主播背后的整个团队。罗永浩就称，“其实出来做直播，可能三分之一的重要性是拼主播本身，三分之二的重要性是拼后台供应链能力。”

头部主播的团队建设都十分完善，据媒体报道，看似光鲜的一个“口红一哥”，实则背后站着有300多人的团队；而“淘宝一姐”背后的团队，筛选粉丝需求的有20多人，选品的有近200人，仅客服团队也约100人。罗永浩虽然入局直播较晚，但是从其直播情况来看，背后团队的力量也不容小觑。

2.2 达人直播？五个步骤解决带货难题

在做带货之前，达人一定要先明白直播带货的逻辑，并进行三大自我拷问：

- 粉丝为什么要买？
- 为什么找你买？
- 为什么现在买？

我们在这里给出对应的答案是三组关键词：

- 需求+功能+效果。
- 专业+信任+关系。
- 气氛+限时+特权。

粉丝为什么要买？一定是基于他的某种需求，而这个产品又具备某种功能，使用之后能达到某种效果。为什么找你买？一定是粉丝觉得你专业，觉得你可以被信任，而你一直在维持这种信任关系，所以在买前想起了你。主播在直播中营造紧张的气氛，采取限时抢购的方式，再给粉丝某些优惠的特权，让粉丝产生了购物的冲动。

现实中，达人带货常存在什么问题呢？这些问题又该如何解决呢？

- 账号内容低质，粉丝不关注你，找不到人买。
- 主播没辨识度，粉丝记不住你，第一时间想不起你，不找你买。

- 粉丝量增长缓慢，粉丝不转发你，增粉太慢，卖得少。
- 直播卖货太难，粉丝不信任你，黏性小，卖不出去。

针对以上问题，我们需要从以下几个方面着手：

- 输出专业内容。
- 打造人设。
- 利用热点、多渠道传播。
- 常互动、利他，增加黏性。

以下章节我们将进行详解。

2.2.1 没人找你购买？先打造人设

人设的全称是人物设定，最早出现在二次元动漫术语中，主要指为角色设计造型、性格亮点和世界观等。我们常说的人设，其实是公众人物对外的一种面具化表现，是其身上的各种信息浓缩成的一种标签。

在直播带货中，主播打造人设的目的是输出自己的价值观，用清晰明了的人设告诉人们：你为什么要关注我，为什么看我的直播，为什么在我这里购物。

带货类主播打造的人设类型主要有三种：励志型人设、专业型人设和亲民型人设。

1. 励志型人设："费爷"

励志型人设十分容易引起粉丝的情感认同。例如，"费爷"打造的人设是出身草根，用自己的努力打出一片天地后，仍旧不忘本的形象。对兄弟情深义重，对粉丝赤诚相待，对弱势群体充满爱心，这种情感链接吸引了大批具有相似成长经历的粉丝，他们带着同情、佩服或羡慕的心情，加入这个大家庭，在一起抱团取暖。直播中，"费爷"视粉丝如亲人，称他们为"家人"，这让他们的情感链接更加稳固，黏性极强，很容易促成跟风下单，转化率极高。

“费爷”的短视频内容大多是霸道总裁式出街、为贫困老乡送温暖、为百姓谋福利，也有与家人互动的亲情日常。这些视频营造出的是一个出身贫寒、奋发图强、不忘感恩、爱家人爱事业的成功人士形象。

励志型人设的内容展现，多采用“过去的故事+现在的生活”形式，引发粉丝的共鸣，形成情感共同体。需要注意的是，这种形象必须以真实情况为基础，否则很容易崩塌。

2. 专业型人设：“老爸评测”“韩国媳妇大璐璐”

专业型人设一般有两种类型，一种是专家类型，一种是达人类型。

专家类型一般有专业机构或身份背书，如“老爸评测”的创始人魏文锋，2015年前曾是杭州一家公司的创始人、国际化学品法规专家。2015年后，他创立的“老爸评测DADDYLAB”项目，凭借专业的技术支持，与坚决“死磕”有毒产品的态度，获得了众多粉丝的支持。每次在直播前，他都会发布短视频进行预热，向粉丝公布测评主题，吸引粉丝按时收看。在直播中，他不仅会公布测评结果，还会邀请专家现身说法、技术人士亲自示范，权威感十足。直播结束后，他还会发布总结性短视频，供没有观看直播的粉丝查看。

达人类型的人设，虽然没有专业背书的要求，但是需要达人在一个领域深耕，有丰富的内容作为铺垫。例如，“韩国媳妇大璐璐”的视频多是展现丈夫和婆婆的日常，处处显示其身在韩国的真实性。“韩国媳妇大璐璐”主打韩国产品代购，热销产品以美妆、护肤品为主。凭借持续的内容输出，她在2021年“6·18”开启前一周，一直高居直播带货排行榜前十。

3. 亲民型人设：“炮手水果”“老牛”

亲民型人设也分为两种，一种是临近货源地的，一种是有前端供应链支持的。

“炮手水果”“烜岐水果商行”“婵子姐弟【水果助农】”等账号，

主打的都是货源产地人设，这类主播的视频多以亲临水果园区、现场品尝水果、展示水果汁多肉甜等内容构成，虽然其亲民的形象容易拉近与粉丝的距离，但是如果粉丝购买后反馈不佳，会很容易掉粉。

“老牛”之前账号的名称叫“正善牛肉哥”“牛肉哥严选”，他的签名是“全网‘把价格打下来’第一人”。与主打女性市场的美妆和服装主播不同，“老牛”选择的是以牛排和葡萄酒为代表的男性生鲜食材市场。其实，“老牛”的背后是一家买手型供应链驱动公司，他与多家供应链企业签订了独家直采协议，所销售的产品都追求高性价比。

品牌或店铺卖货型账号，并不需要刻意打造人设。因为这种类型的账号本身靠产品说话，并不靠主播个人风格引流。只要做好产品展示、高频直播、频繁互动和售后服务，就能吸引感兴趣的粉丝关注。有时树立人设，反而会给店铺带来运营的不稳定。

2.2.2 买货时想不起你？寻找独特标签

我们讲了直播带货中常见的几种人设类型，下面我们来讲如何打造人设。人设，简单来说，就是各种标签的有机组合。打造人设的过程其实就是寻找属于自己的标签，然后用这些标签去传播自己的过程。

1. 寻找独特的标签

标签是认识一个人最快的方式。想让粉丝快速记住，我们就要有独特的个人标签。独特在这里的意思是，寻找自身的辨识度。在打造人设之前，我们要先进行自我反问：我是谁？我是做什么的？我有什么特点？我凭什么被人们喜欢？

针对这些问题，我们可以列出能想到的所有答案，然后挖掘并寻找自己身上吸引人、有辨识度的点。例如，账号“碎嘴许美达”的标签就是：“碎嘴”“知识女性”“家庭妇女”“热爱生活”“过好小日子”“最妇女”，这些标签基本回答了以上我是谁、我是做什么的、我有什么特点、我凭什么被人们喜欢的问题。

需要注意的是，列出这些吸引人、有辨识度的标签后，还要进一步筛选、组合、润色，比如，我是90后妹子，做服装穿搭的，我性格泼辣，我穿搭技巧超棒，组合起来可以是“穿搭小辣妹”。

2. 输出自己的标签

找到属于自己的标签后，接下来就是输出自己的标签，也就是从内到外，向粉丝们传达这些标签。无论是从外在展现上还是从内容输出上，所有的人设因素都要统一。标签的展现，主要分为两大方面。

（1）静态化的展现：昵称、头像、签名。

昵称、头像、签名等也是人设的重要组成部分，传达的所有信息都要和形象一致。这里列举几个比较好的案例：昵称是“深夜徐老师”的账号，头像是徐老师拿着化妆盒正在化妆的图片，签名为“拥有一仓库化妆品的女人”。人们一看就知道她是资深美妆大咖。昵称是“黑心少奶奶”的账号，头像为有着冷色调妆容、表情有点冷酷的女人，签名为“保养狂魔、全能选手、要分享所有好物”，让人一眼就觉得这个女人有点狠，既懂化妆又敢打假，跟着她买准没错。

（2）动态化的表达：表情动作、口头禅。

除了在昵称、头像和签名方面做人设的相关展现和说明，你的性格特点、样貌长相，甚至三观，都是人设的构成部分，这些可以在表情、动作和语言方面有所展现。例如，“豆豆_Babe”是抖音上一个美妆达人账号，在推荐产品的过程中，她的表情有很多亮点，肢体上也有很强的表现力。在语言表达上，“口红一哥”的“Oh mg god，买它”，让多少人因为这个口头禅记住了他。

因此，在打造人设的过程中，可以针对自己的每一个特点进行策划，大胆尝试，直到找到真正与众不同、让人印象深刻的点。

3. 优化标签

人设的打造是个持续优化的过程，我们需要对已有的标签进行不断地改进。一开始可以先针对这些标签做相关的测试，看你的语言和表情是否能得到粉丝的认可，根据这些标签生产的内容数据是否更好。

在优化标签的过程中，还要学会做减法，只要找出相对突出的标签即可。事实证明，复杂多样化的人物表现，在短视频或直播中并不适用。太复杂的人设只会干扰粉丝对主播的快速认知，因此，选取一两个记忆点来塑造人设，更方便粉丝记忆和识别。

4. 强化标签

找到适合自己的标签后，需要持续产出一系列与人设一致的内容，不断强化粉丝对主播的印象，加深粉丝和主播之间的感情。一旦确立了人设，就不要轻易改动，在每次的创作中，都要考虑到这期内容是否和人设相符。

此外，还可以利用环境、人物关系和行动等因素来塑造和强化人设。找准自己的人设、输出有价值的内容，再加上自己的一些小特色，这样的视频才真实、自然、打动人。

需要注意的是，在打造人设的过程中，还要充分考虑受众人群，审视自己的标签是否受目标人群的喜欢。在优化标签的过程中要进行汇总，删除目标人群偏好较少甚至排斥的标签，相信你的账号会越来越受粉丝的喜欢。

2.2.3　不信任你？输出专业内容

带货类的内容，除了利用低价和情感吸引粉丝，最重要的就是专业。专业是粉丝产生信赖的基础。如果粉丝在看完视频或直播后，觉得你是最专业的，信你准没错，那么这个内容就算成功了。

主播们怎样才能塑造一个专业的形象呢？

1. 内容要专业

这里说的专业，指深耕某个细分领域，有一定的专业背书或经验见解。抖音、快手等各大平台都有美食、美妆、穿搭、母婴、职场、情感等细分标签，每一个领域都集聚了几十个甚至上百个达人。例如，“年糕妈妈”是母婴领域的一个达人账号，视频内容以母婴、育儿为主。出镜主播李丹阳是浙大医学硕士、二胎妈妈，是拥有3000万个粉丝的母婴育儿博主。在视频中她绘声绘色地讲解育儿的知识和技巧，深得妈妈群体的喜爱和信赖。

在创作专业内容时要注意，创作的内容既要有一定的知识性，又要兼具实用性。

（1）知识性。

知识是价值的体现，要让粉丝在看完视频后觉得有价值。“年糕妈妈”账号中的一期内容“四大原则，养成吃货宝宝”，逐条讲解了宝宝的喂养原则，一是胆大心细，二是吃得杂一点，三是及时调整，四是家长不要焦虑。看完视频的妈妈一定会觉得，这个视频教给她了一些喂养的知识。

（2）实用性。

视频内容不仅要有知识性，还要有实用性。一般美妆、美食、穿搭类的内容，实用性都很强。例如，穿搭账号“美洋MEIYANG”，是一个服装品类的创业者，美洋的穿衣风格清爽、干练，甚至有时还有点潇洒，她发布的视频内容也多以上班族的日常穿搭为主，在每条视频里，她不仅讲解穿搭技巧，还亲自上身示范，一件衣服常附带多种搭配穿法。粉丝看完视频之后，如果觉得衣服好看，就可以从抖音的产品橱窗直接购买。

专业内容虽然讲究专业实用，但切忌刻板生硬，一定要用通俗易懂的语言，让粉丝在轻松娱乐中收获“干货”。如果主播本身有趣又有料，那再好不过了。

2. 态度要敬业

主播敬业的态度，是打动用户的重要手段。例如，成为美妆主播之前的“口红一哥”，对美妆产品的了解早就达到了专业的水准。此外，他对待直播的态度也让粉丝感动。据说，他试口红的最高纪录，是一晚上试了189支口红，如果按照直播6个小时来计算，那他要每两分钟涂上并卸掉一支口红，现在，他一想到口红，就会觉得嘴唇疼。

我们前面提到的“老爸评测”，在签名处就写明“不收商家钱的评测+科普”，这种态度十分明了，消费者不必担心测评产品虚假，也不必担心“老爸评测”对产品进行评测是收了商家的钱、受商家操控的行为。魏文锋坚决与有毒产品死磕到底的态度备受好评。曾经他为了一个有问题的包书皮，跑遍了杭州相关部门，可是都没有被理睬。于是他自掏腰包，将七款包书皮送到泰州国家精细化学品质量监督检验中心，结果检验出七款包书皮均含有有毒物质。这个事情让他圈粉无数，这也是他创办“老爸评测”的原因。

2.2.4　卖货太难？多利他、互动

创作专业的内容是为了吸引粉丝的关注，打造人设是为了增强粉丝的记忆，那要加强粉丝的信任与黏性，该怎么做呢？

1. 加强与粉丝的信任与黏性，要有利他思维

无论是创作内容还是直播卖货，都要有利他思维。带货类账号的利他思维体现在两个方面。

（1）利他思维，就是你的内容对粉丝有用。

试想，粉丝为什么会对你的内容感兴趣？为什么会信任你？一定是你的内容对他有用、有价值，因为关注你的账号，他可以变美、变瘦、变有钱、变聪明；用了你推荐的东西，他可以感到有用、有效、省事、放心。这也正是美妆类、健身类、财经类、知识类账号能够火起来并有不错的带

货效果的原因。

（2）利他思维，就是全力为粉丝谋福利。

带货类账号，一定涉及粉丝的购买行为。在购买产品时，谁不想产品是物美价又廉？主播能做的就是，尽全力去选好货、以超低价给粉丝，甚至还要附赠各种赠品、优惠券。粉丝来你的直播间买货，还要能参与抽奖、抢红包的福利。只有粉丝觉得能从你这里获得好处与优惠，才会信任你，进而"黏住"你。

2. 加强与粉丝的信任与黏性，做到有效互动

想加强与粉丝的联系，就要经常与粉丝互动，让粉丝感受到你的重视。我们常用的互动方式有以下几种。

（1）短视频互动。

短视频互动，一是针对粉丝的要求或提问，在短视频里给出解决方案。这种方法不仅为自己的创作提供了素材，还会让粉丝觉得自己的问题被回答了，进而产生荣幸感和满足感，这种方法可以让粉丝与你的黏性更强。二是在短视频中引导粉丝参与评论或进行讨论，如在视频的结尾提问"这个问题你怎么看呢""这个问题你有什么好的解决方法呢"，等等，引导粉丝与自己的互动。

（2）评论互动。

评论互动，指粉丝针对视频或直播内容进行评论。为了维护和粉丝的关系，主播要对粉丝的提问，进行一定的回复。例如，一些带货类的视频中，就会经常有粉丝问"主播的裙子好好看，请问从哪里能买呢？"甚至还有一些恶性评论，直接指明视频中的产品劣质，这时主播一定要重视这类评论，想办法通过引导的方式，将恶评的影响降到最低。

（3）社群互动。

社群互动，就是在微信群、QQ群或者旺旺群中，经常和粉丝进行互动。社群互动的玩法比较多，除了日常进行聊天维护，还可以通过玩游戏、发红包等方式来激活粉丝，有活动时，可以提醒粉丝参与等。

（4）直播互动。

直播中的互动，基本包括发红包、抢优惠券、抽奖、与粉丝连麦等。

（5）线下互动。

除了线上的互动形式，有些主播还会定期举行线下活动，如粉丝见面会、回馈粉丝等活动。线下活动能让粉丝与主播面对面对话，进一步拉近了主播与粉丝的距离，相比线上，线下的接触场景能让粉丝有更强的黏性。

2.2.5 卖货太少？利用热点、多平台传播

一个账号或主播的爆红，一定离不开粉丝的传播。真正好的内容，可以引起粉丝的自发讨论和转发。

抖音上有一个叫“伦敦张踩玲”的账号，本来她只是趁新冠肺炎疫情期间发了一两条视频，结果没想到大火。凭借她东北式的幽默及加拿大的老公、婆婆的搞笑事情，截至2021年6月20日，她的粉丝数量已经达到了500.9万人。重要的是，国际新闻对她的事迹也进行了报道，豆瓣、知乎等平台，也有网友自发讨论，她还收到了综艺节目《奇葩说》第七季的邀请，在节目上，人人都难以掩饰对她的喜欢。

在创作和运营上，有什么促进传播和转发的技巧呢？

1. 利用热点事件，提高传播热度

热点事件不仅是内容创作的重要来源，也是促进传播的有效方法。

目前，各大平台都有自己的热榜、热搜，甚至是讨论的热点话题。平时，我们可以根据一些热点事件来创作内容、输出自己的观点。例如，罗永浩抖音直播首秀是全民关注的热点话题。抖音达人“商业小纸条”针对罗永浩的表现、带货销售额、带货的品类及突破点，发表了自己的观点。这条视频不仅获得了罗永浩本人的点赞，还引起了网友激烈的讨论。整条视频获点赞量高达40.6万个，评论1.9万条，转发3.9万次。

针对热点事件，我们可以从这两方面着手。

（1）关注官方热点或热门。

事实上，内容才是决定流量的关键。为了吸引更多用户的关注和传播，就要多蹭热点，绑定官方热点或热门事件。抖音的主页面上有热点话题、挑战、官方活动等，这些内容都是有官方推荐权重的，因此相关话题下的视频都会获得较高的播放量，从而带来更多的点赞、转发。

（2）利用节假日多搞活动。

一般各大平台针对节假日都会有相应的活动，多多参与也有利于内容的传播。如在情人节、母亲节或春节等一些节日，可以针对这些方面的内容制作内容，同时也可以根据热点事件结合自己的账号策划活动。

2. 多平台运营，促进传播

我们知道，一个作品发布的渠道越多，被观看的次数就越多，覆盖的用户就越广。目前，基本所有主播都是全平台运营，你在快手平台能看到的主播，在抖音上也能搜到他的视频。因此，为了全面促进传播，一个主播可以多平台运营。

（1）选择一个平台深耕、细耕。

可能有人会说，在快手能火的主播，并不意味着在抖音就受欢迎。的确，因为每个平台的人群和调性不同，在选择内容创作或直播平台时，我们要根据自己的定位和目标人群，选择一个各方面重合度都较高的平台，投入较多的精力深耕、细耕。

（2）其他平台配合发展。

但是，在一个平台深耕、细耕，并不意味着其他平台就放任不管，如果有足够的精力，最好其他平台也“雨露均沾”。像某位美妆主播，本身是淘宝主播，但是真正让他火起来的却是抖音平台。有些大号和品牌，因为实力雄厚，可以针对不同的平台发布不同的内容，但是毕竟大多数账号的财力和精力有限，其他平台只配合发展即可。

3. 多引导粉丝点赞、分享

为了促进传播，可以引导粉丝多多分享。针对不同的内容形式，我们可以设计以下玩法。

（1）在短视频的结尾，提醒用户“如果你觉得有用，请多多转发”。

（2）在微信公众号或海报中，可以注明“转发有礼”。

（3）在社群中，可以先发红包，再要求转发，以截图为证。

（4）在直播中，可以让粉丝分享直播链接，等直播间人数达到一定数量，便可以抽奖或发红包。

2.3 品牌型直播——三大策略提升销量和影响力

品牌企业，即拥有品牌影响力的企业，也就是在行业里拥有较高知名度的大企业。作为直播电商的重要参与者，品牌企业在带货模式上更灵活多样。

我们既见过某些知名品牌企业创始人亲自带货，也见过品牌企业邀请明星，与头部带货主播合作；另外，品牌企业还可以自建直播团队，亲自培养主播，甚至将线下导购转变为线上主播。

品牌企业有哪些带货模式呢？不同的带货模式又各自发挥什么作用呢？

2.3.1 策略一：企业领袖亲自直播

随着租金、人力成本的上涨，又加之受新冠肺炎疫情的影响，线下企业经营越发困难，于是各大企业陆续转战线上，直播电商成为新的营销方式和卖货渠道。面对直播带货，各位企业老总也跃跃欲试，纷纷走进直播间。

除了我们熟知的格力CEO董明珠、小米创始人雷军，携程网董事局梁建章、三一重卡董事长梁林河也都亲自带货，参与直播带货的企业，涉及旅游、餐饮、家电、服饰鞋包、美妆护理、数码3C、生鲜、母婴、旅游等多个领域。

用表格的形式，我们对带货的企业家和其表现进行了归纳（见表2.1）。

表2.1　带货企业家及其表现

总　　裁	GMV/观看人次	行　　业	平　　台
去哪儿CEO陈刚	累计观看人次383.5万，GMV达160万元	旅游	快手
春秋航空董事长王煜	累计观看人次838.7万，最高同时在线66.66万人	旅游、航企	抖音
转转CEO黄炜	卖出700多台手机，GMV近400万元	二手交易平台	转转App
林清轩创始人孙来春	6万人次观看，GMV超40万元	美妆	淘宝直播
红蜻蜓鞋业董事长钱金波	红蜻蜓品牌旗舰店单日销量同比增长136%	服饰箱包	淘宝直播
盒马总裁侯毅	卖出600万只湖北小龙虾和50万个湖北脐橙	生鲜电商	淘宝直播
匹克体育CEO许志华	GMV超500万元	体育品牌	天猫直播
凯儿得乐CEO程程	人气峰值达1057万人次，订单成交量超6.4万个，GMV达612万元	母婴	腾讯直播
TCL实业控股CEO王成	1小时拳王销量超10000台	家电	京东

注：数据来自雷达财经

可能大家都会感到疑惑，企业家们事务繁忙，企业的战略和管理工作已经够他们忙了，为什么他们还这么热衷于直播带货呢？

1. 重视粉丝需求，企业家带货更专业

首先，直播作为一种新兴的带货模式，正处于流量聚集的风口。有大局观的企业家有必要积极参与其中。再者，直播电商本身有很强的互动优势。企业家直播可以增强人们对品牌的信任，同时也能更直观地了解消费者的需求，不仅能推动老粉丝的变现，还能依靠个人魅力吸引新粉丝的加入，产生更多消费的可能。

一个品牌的CEO对自己的产品是最为了解的，在带货过程中能更清晰地讲解产品，向消费者普及产品知识，某种程度上来说，品牌CEO带货更专业。

2. 重视品牌效应，而不是经济效益

一个有着鲜明人设的网红CEO，是品牌最强的背书，能迅速获得消费者的好感，拉近品牌与消费者的距离。例如，董明珠亲自做格力电器的代言人，不仅提升了企业形象，也为企业省了一笔不小的代言费。

企业家走进直播间，不管最后产品成交量是多少，本身对于企业来说，都是一场品牌公关秀。一场优秀的直播，可能会为企业带来巨大的品牌价值。因此，产品销量并不是企业家最关心的。跳过娱乐直播和电商直播，衍生出一种介于发布会和卖货会之间的直播形式——越过媒体宣传，直接向消费者传递品牌价值，而销售，只是其中一个组成部分而已。

3. 出于自救，带头为员工树好榜样

新冠肺炎疫情给衣食住行各个行业带来了全面的冲击。旅游业更是备受重创，即使是在线旅游业的头部玩家携程网，在不到一个月的时间里，也面临着数千万个的订单取消，一时损失310亿元交易金额的局面。面临这种情况，携程网创始人梁建章，不得不亲自去做直播招揽业务。

从这个角度来看，企业家走进直播间一是为了自救，二是可以帮助企业重拾信心，鼓舞员工的士气，提高企业凝聚力。

2.3.2 策略二：打造多层次带货体系

品牌企业一般有完善的产品链、资源丰富、实力雄厚，除了靠企业家走进直播间亲自带货，激发全民抢购热情，在直播方面还有其他的布局。

以知名零食品牌良品铺子为例，针对不同的营销需求，良品铺子打造了一套多层次的直播带货体系。

1. 第一层：培养自己的主播

品牌企业一般在淘宝、京东等电商平台上有自己的旗舰店，而在快手、抖音平台上也有自己的官方账号。因此，凭借自身良好的品牌和庞大的粉丝基础，品牌企业可以在各大平台同时直播。

基于自身良好的实力和号召力，品牌企业可以招聘自己的主播来推荐公司产品、解释产品以及推广营销活动等。如良品铺子自建主播团队，四名主播覆盖淘宝、抖音、快手等平台，每天从早上9点至晚上12点不间断直播。

2. 第二层：签约MCN机构

品牌企业还可以和专业的MCN机构进行合作，签约MCN机构的专业主播。这些主播带货能力强，会活跃直播间气氛，能有效促进产品的销售。良品铺子就用这种方法，和自身团队里的主播相互配合，很好地演绎了自己的产品。

3. 第三层：和明星主播合作

和明星主播合作，或邀请明星来直播间做客，能很好地为直播间引入流量，吸引全民围观，进而拉动销售，甚至还会登上热搜榜，带来更大的曝光。如良品铺子先后和刘涛、刘敏涛等明星进行过合作，每一次都取得了很好的曝光和销售效果。

4. 第四层：和头部带货主播合作

如果条件允许，品牌企业还可以和当下最热的头部带货主播合作。从2019年起，良品铺子多次和某头部带货主播合作，在2020年3月的一次合作中，良品铺子主推四个单品，在他的直播间里，短短几分钟的时间，销售额就超数百万元，业绩十分喜人。

这种多层直播带货体系各自发挥的功用不同，第一层和第二层意在“展示”“带货”，主要用于日常的在线销售；而第三层和第四层更强调品牌、产品和企业形象的输出，只有在开展重大的营销活动时，才会邀请明星和主播参与。

品牌企业与明星的合作是一种双向选择。品牌企业会根据自身的需求，选择适合的明星；而明星对品牌企业的选择，也有一定的要求。在合作意愿一致时，双方才有合作的可能。对于品牌企业来说，无疑是想通过明星的背书，对品牌和产品起到一个曝光的作用，从而促进产品的销售。

对于和头部主播的合作，品牌企业需做出很大的价格让步。因为头部主播一般要求产品价格是全网最低的，品牌企业与其合作，并不能获取很高的利润，但是短期内的销售拉动和足够的品牌曝光，是品牌企业真正所看重的。

2.3.3 策略三：线下导购加入直播

对于一些实力雄厚、体量大的品牌来说，淘宝、京东等电商平台，只是其销售渠道之一，而线下实体店，才是卖货的主战场。

新冠肺炎疫情使线下实体店遭受了巨大的损失，很多知名品牌店铺都面临倒闭。为了自救，更为了以后的长远布局，各大品牌的导购们纷纷加入直播，变身为线上主播。与此同时，阿里巴巴、腾讯等巨头，也出台了相关的扶持政策，而淘宝直播、微信小程序直播，也开启了专属于品牌的相关功能。

虽然品牌企业在直播时，可以选择淘宝、微信小程序、快手、抖音等全平台直播，但是目前针对品牌实体店打造了直播系统的，主要是淘宝新零售直播和微信小程序直播。

1. 淘宝新零售直播，不同模式不同方案

率先带领线下导购加入淘宝直播卖货的，是国货护肤品品牌林清轩。2020年2月1日，林清轩的1600名线下导购全部转型为“云导购”。另外，林清轩还成立了“内容工厂”，通过制作图片、文字、二维码、小视频等素材，全面支持线上品牌的宣传。利用“钉钉+手机淘宝”等智能导购模式，仅几天时间，林清轩的业绩就恢复了常态，部分地区还超过了平常水平。

根据官方定义，淘宝新零售直播可以分为三类：品牌线下直播、本地生活直播、商圈/商场直播。品牌线下直播又包含门店直播（以门店为主体开播）和导购直播（以导购为主体开播并与门店绑定）两类。

针对品牌线下直播，由于品牌方线上（旗舰店）、线下渠道的不同，淘宝官方又给出了多种直播方案（见表2.2）。

表2.2 品牌线下直播的多种方案

门店类别	旗舰店统筹导购直播	线下门店管理导购直播	线下分销管理导购直播
特点	旗舰店即品牌方，可直接调动所有导购人员，线上线下销售货品相同	线下门店作为导购直播方与线上体系不打通，可门店发货或上门提货	线下大区进行导购管理，与线上体系不打通，主打导购直播群体
方案	线上旗舰店开通门店直播，绑定线下导购主播，品牌方直接进行导购人员管理运营	门店开通直播，分配子账号至导购人员（店铺自播导购自播不可同期进行），可增加MCN机构角色进行主播签约、管理	线下门店导购注册成为主播，多个导购主播同时播出，可增加MCN机构角色进行主播签约、管理

续表

门店类别	旗舰店统筹导购直播	线下门店管理导购直播	线下分销管理导购直播
货品	导购发布线下店铺货品，直接引流销售	线下门店通过直播间轻发布形式发布产品销售	导购主播通过轻发布/品牌轻店形式发布产品销售
优点	品牌旗下主播效率一目了然，分佣体系更直观	实现线上直播引流并转化，沉淀直播粉丝至门店体系	快速养成导购主播矩阵，在主播推广方面更便捷
案例	九阳电器、林清轩	良品铺子、服饰行业品牌	珠宝、奢品行业

2. 微信小程序直播，私域流量的闭环

微信小程序直播，是微信免费提供给商家的实时视频直播工具，商家可在自己的小程序中，开启直播功能，完成购买闭环交易。

女装品牌茵曼是利用微信小程序直播的典型案例。

在“广州直播节”中，茵曼利用微信小程序开展了长达14个小时的直播，其中观看量近10万人次，点赞数4.5万个，评论数2.1万条，销售额远超30万元。令茵曼意外的是，这场直播竟为线下店引流了3000人（数据源于亿邦动力）。

茵曼母公司汇美集团副总裁曲晶表示：“微信小程序直播的粉丝大多是茵曼线下门店导购添加到店顾客微信积累起来的，粉丝会接触到导购在朋友圈、社群或私信发的产品图文信息，她们产生初步兴趣后，就会来直播间进一步了解，进一步产生兴趣，从而产生到店真实试穿的冲动。”

茵曼的微信小程序直播，以门店的导购员为主播，每周开播1次或2次，在进行产品介绍时，门店就是直播背景，主播也欢迎顾客来店里进行试穿。依靠这种模式，茵曼在疫情初期实体店开门率不到10%的情况下，门店销售额实现了140%的增长。而在线下生意恢复常态后，微信小程序不仅是一种线上销售渠道，也成了线下门店引流的一种方式。

目前，微信，包括第三方插件，在打通品牌的组织结构和利益分配上，也进行了多种尝试。对于品牌企业来说，利用微信小程序直播，好处多多。

（1）微信小程序、公众号、微信号、社群，可形成完整的商业闭环。

品牌可以在微信中实现一站式带货，引流、直播、分享、裂变……都可以在微信生态中完成。直播带来的流量，也可以沉淀在品牌的微信小程序中，更有利于后期运营。

（2）购物无须跳转其他小程序或App。

品牌可自行决定开播时间，发起直播更加方便。用户在观看直播购物时无须跳转其他小程序或App。

（3）微信小程序以品牌为中心，而不是以主播为中心。

在微信小程序内，品牌直播不需要挑选头部带货主播，只需选用自己的内部员工。内部员工更懂产品，能有效避免“翻车”，直播费用更易控制。与此同时，据腾讯内部透露，相比退货退款率高达约30%~50%的平台直播，微信小程序直播退货退款率只有10%左右，某些头部品牌只有5%。

（4）在拉新、转化用户上有更大优势。

微信拥有11亿人次的活跃用户，而且直播功能不仅支持回看，还能与分销、拼团、砍价、优惠券、团购等功能结合使用，在拉新和转化用户上有很大的优势。

其实，线下实体店导购变身线上主播的行为，本质是线上、线下流量的打通。品牌在准备直播活动时，可以从以下两方面着手。

一是线上、线下流量要有效联动。直播准备前期，利用海报等宣传方式，在线下门店曝光，为线上直播间引流。线上正式直播时，品牌及产品的曝光，也能为线下门店引流。

二是私域流量和公域流量共同发力。在大促前期，可以利用社群、个人微信、朋友圈、公众号等工具，为接下来的直播宣传吸引更多的公域流量，而直播时吸引的用户，又能成为私域流量。

2.4 中小商家直播——三大方案卖出好业绩

我们这里指的中小商家，主要是区别于有资源、有实力、体量大的品牌企业，专注做淘宝或线下的个体店铺。

中小商家势单力薄，无力与头部带货主播合作，一般通过与直播产地合作、自己培养主播或店老板亲自直播的方式转战直播赛道。但这并不意味着他们就做不好直播。

那中小商家到底该怎么做直播呢？在直播战场上，中小商家又该如何找到合适的直播方式呢？

2.4.1 方案一：突破入局直播难题

对于中小商家来说，现在已经不是拿着一部手机，就能突围直播的蓝海时代。中小商家想做直播，主要面临三个难题。

1. 起步试错成本大

大品牌依靠庞大的体量，可以抵消掉直播付出的人力和推广成本，即使直播没有取得明显效果，也赚了个知名度。而中小商家由于本身资金有限，试错成本压力大，一次直播效果不好，中小商家就会面临亏损。

2. 直播产业链跑通难

想要做直播，就要熟悉直播产业链，产品、主播、后台运营三方面缺一不可。中小商家资源有限，很难一上来就把直播产业链跑通。

3. 商业玩法不熟悉

中小商家的人力、物力有限，很少有专门的部门或人员研究直播的玩法，也没有获取精准数据的渠道，无法精细化运营，这就很容易导致流程混乱。

尽管中小商家转战直播困难重重，但也并不是完全行不通，转型成功的商家比比皆是。中小商家该如何做直播呢？

1. 选择合适的产品

直播电商中比较受欢迎的产品类别有美妆个护、日用百货、休闲零食、服装鞋包和3C数码产品，这些类别的产品大多属于标品，价格相对透明，竞争力也大。此外，还有一些珠宝玉石、字画书法，甚至一些个性定制类的产品。这类产品没有标准的定价，属于非标品，相对来说，比较有价格优势。

直播卖货要综合考虑产品是否卖点突出、价格是否有优势、主播带货能力如何。

2. 选对平台

前面我们已经介绍过，目前比较主流的直播带货平台有淘宝、京东、拼多多等电商类平台，以及抖音、快手等内容类平台。有网店的商家，只要符合标准，就可以优先选择电商平台进行直播。在这些平台，店铺能参与一些直播活动，得到平台的流量扶持，为直播间导流。

纯线下的店铺，则可以先从抖音、快手等平台切入，不过要想在这两个平台积累粉丝，就要有一定的内容输出。如果前期流量少，则可以尝试投放“DUO+”等付费流量。

3. 注重打造人设

对于商家来说，产品很重要，但是进行直播卖货，人设同样重要，目前中小商家在这方面都比较欠缺。直播卖货说到底是内容输出，如果自己没有明显的标签，不能输出专业的内容，即使再懂销售技巧，也难以促成下单。

基于消费者的需求和产品的性质，我们建议商家在本行业或本品类中，找一个人设定位，打造一个独特的标签，如减肥达人、护肤小能手，快餐业扛把子等。

4. 充分利用线下流量

对于有线下实体店的商家来说，做线上直播并不意味着放弃线下流量。实体店的商家可以引导线下消费者关注自己的直播间，并向他们解释以后直播间有优惠活动，还可以送货上门。

另外，一些实力较强的商家还可以在商场、酒吧等举办现场活动，引导消费者关注、分享直播间，并进行抽奖、发放优惠券等活动。

2.4.2　方案二：直播人员如何配置

与品牌企业不同，中小商家没能力找头部带货主播合作，该怎么办呢？

1. 招聘全职主播

如果商家实力允许，可以招聘全职主播。招聘全职主播比较适合有一定规模的店铺，因为全职主播的费用比较高。招聘四个主播，再加上直播团队的其他岗位，只有直播间月销售额能达到50万~100万元，或者对直播有战略性布局，且有一定规模的店铺才能负担得起。

但是，招聘主播这种方式对商家来说也存在隐患——后期主播可能会流失。主播一直推荐相对固定的产品，久而久之会产生厌倦心理，主播一旦跳槽，不但影响商家的直播业绩，就连商家付出的培养成本也会付之东流。

2. 将客服人员转为主播

将客服人员转为主播，比较好的方案是从客服人员中选取口才较好的人，送往专业机构进行培训。因为客服人员既了解产品卖点，又在与消费者售前、售后打交道的过程中，锻炼了了解消费者需求、把控转化节奏的能力。而且从性价比上来说，客服人员的基本工资较低，如果转为主播，一旦上岗且业绩不错，会在薪资上有比较大的升幅，这对于客服人员来说也是好事。

3. 和直播基地合作

如果商家内部没有合适的客服人员可以选择，只能以内部运营+外部主播的形式，和当地供应主播人才的直播基地合作。内部的运营懂产品、懂流量、懂店铺整体结构，能和主播进行很好的配合；主播作为自己的分支部门，能更好地把控消费者的需求和成交的节奏，遇上重大节日的促销活动，也能很好地做好预热和直播。

有人可能会问，店铺直播间外包给代播机构靠谱吗？这样是不是自己在直播方面就没有话语权了？

其实，交给外包代播机构并不是没有好处，好处是节省成本，无须自己花费时间和精力设计、装修直播间，也不需要考虑直播团队的招聘、管理和培养，更不用去研究各种直播技巧。尤其是对中小商家来说，也不用担心主播的流失问题了。如果外包机构能够稳定配合，对刚起步或没条件搭建直播间的商家还是比较合适的。

4. 产品人员转主播

这种方案效果相对较差，虽然产品人员比较了解产品，但容易陷入过度解释技术参数，不擅长成交的漩涡。

中小商家的直播间应该配备哪些岗位呢？比较有实力的商家，可以配备以下人员（见表2.3）。

表2.3 直播间岗位参考

岗　位	数　量	职　责	时间分配
主播	四个	担任直播间产品演示、推介、活动解说、促成下单等职责	每个主播直播四小时，两个白班，两个夜班
场控	两个	担任把控直播进度、产品和活动节奏等职责	一个白班，一个夜班
副播（组理）	两个（场控可同时兼任）	担任中控台操作、公告发布、配合抽奖和文字回复等职责	一个白班，一个夜班

续表

岗位	数量	职责	时间分配
运营	一个	担任直播间产品规划、活动策划、与店铺运营进行产品规划、价格同步、活动对接等职责	根据实际情况而定
客服	原有客服兼任	担任接待直播间粉丝下单、备注订单优惠、赠品等信息的职责	根据实际情况而定
美工	原有美工兼任	担任制作直播间封面、活动素材等职责	根据实际情况而定

上面介绍的是比较有实力的商家，对于一般的商家来说，主播可配备两个人，共做八个小时的直播，场控和副播（组理）则可以由运营兼职。规模比较小的店铺，则可以配备主播一人，一天直播三四个小时，其他的可根据店铺实际情况来定。

2.4.3 方案三：延时、避开高峰直播

据维妥数据提供的信息来看，在淘宝直播上，全球购、农产品、珠宝、穿搭、美妆、美食、鲜花、萌宠等频道，在18：00—20：00的时段，直播开播场次会达到高潮。而到了凌晨，各大频道的开播场次大大减少。例如，在黄金时段，珠宝类开始直播的场次有20000多场，而到了凌晨两点到四点，只有500多场。

以穿搭频道为参照，头部带货主播开播的时间集中在18：00—20：00，这个时间段聚集了大批流量，流量在19点达到高峰，其中有50场以上直播的场观人次超过20万。

中腰部以上主播的开播时间也集中在18：00—20：00，而上午8：00—10：00为第二个高峰开播时间段，共计299场。

而到了00：00—6：00这个时间段，头部带货主播的直播只剩下了两场，虽然这个时间看直播的人数大大减少，但流量竞争也没那么大了。

直播高峰期，乃兵家必争之地。如果运营团队不够强大、产品没有太大的优势，最好避开与大主播争抢流量的时间段。

1. 新人主播/商家，可以避开黄金档，从凌晨档做起

据《阿里巴巴“夜经济”报告》显示，“虽然21：00—22：00是淘宝成交最高峰，夜间消费占全天消费比例超过36%。但是23：00到次日凌晨3：00，数万人在天猫‘熬最晚的夜，买最贵的眼霜’。23：00到次日凌晨2：00，银泰喵街上每过1小时客单价提高1000元。”

因此，如果新主播能从这个时间段入手，把握住这个时候看直播的用户，对自己也是非常有利的。此时，大主播们都下线了，新主播们可以积累自己的流量了。

2. 中小型主播/商家，可以尝试13:00—18:00直播

作为最早开始努力的一群主播，8:00—10:00是中小主播的开播高峰，但是13:00—18:00这个时间段，同样不能错过。由于大部分腰部以上的主播还没上线，此时，中小主播抢占流量的好时机就来了。

3. 综合实力尚可的主播/商家，可以在高峰期配合给力玩法

如果有了一定量的粉丝，场控能力也挺好，运营团队和供应链比较优质，可以在高峰时间段配合给力的玩法，也会取得不错的效果。

对于选择在哪个时间段开播，各个商家要根据自家店铺或产品类目运营能力来规划。如果观看量暂时不稳定，商家可以每1~3个月进行一次调整，并记录下重要时间点的观看量和转化率，经过对比，找出更适合自己的开播时间。

4. 注重时长，延长直播时间

达人主播，一场直播一般会持续四个小时。因为达人主播属于个人IP，中间无法更换主播。持续直播四个小时，基本已达到人的生理极限，何况达人主播每天还要选品、熟悉产品卖点，并不是简单的只直播四个小时。

但是店铺直播有所不同，店铺商家可以一天派几个主播轮播，尤其是在淘宝直播上，浮现权频道在每个时间段分配的流量是均匀的，因此，为了获取更多的流量，直播的时间越长，总体流量就越多。

假如按照每个主播每天直播四个小时来算，那么4个主播每天共直播16个小时，基本就覆盖了上午8点到晚上12点的全时间段，4个主播具体的开播时段如表2.4所示。

表2.4　4个主播具体的开播时段

主播1	8：00—12：00
主播2	12：00—16：00
主播3	16：00—20：00
主播3	20：00—24：00

如果需要，商家还可以开通凌晨之后的直播，这个可根据实际情况来定。

2.5 沉淀粉丝，变公域流量为私域流量

互联网领域流行一句话：“得流量者得天下。”我们想要卖产品，就要找消费者，找流量，谁拥有的流量多，谁的影响力就越大，获得的收益也就越多。

流量，简单来说，就是用户的注意力。无论线上还是线下，不变的是对流量的需求。品牌企业、中小商家、达人，活跃于各大平台，为的都是获取自己的流量。

因此，如何有效获取精准流量，并将其转化为私域流量，是当下商家和达人比较关心的问题。

2.5.1　公域流量与私域流量，有何不同

要讲私域流量，就不得不先来解释什么是公域流量。

公域流量，就是平台上的公共流量，它是由平台的算法和规则控制的流量。淘宝、京东、拼多多、快手和抖音等平台，都是根据自身的整体利益，利用不同的算法来决定流量的分配方式。我们一般通过免费或付费的方式获取公域流量。

私域流量，则是自己能控制的流量。依据流量池的性质和特点，可以分为弱私域流量和强私域流量。弱私域流量是指微博、抖音、快手等平台上关注了自己的粉丝，强私域流量是指微信、社群、公众号和小程序等微信生态的流量池。具体可参考表2.5。

表2.5　流量类型与举例

流量类型	举　例
公域流量	百度 淘宝 天猫 抖音（未关注） 快手（未关注） 大街上的人 商场里的人
弱私域流量	微博（已关注） 抖音（已关注） 快手（已关注） 淘宝微淘 淘宝商家群 闲鱼鱼塘
强私域流量	个人微信号/朋友圈 微信群 微信小程序 微信公众号 QQ号 QQ群 QQ空间 自己的App

我们之所以要将吸引来的公域流量转化为私域流量，是因为私域流量有巨大的优势。

1. 私域流量自主拥有，可控制，可免费、多次利用

各大平台上的公共流量，对所有商家都开放，但是目前存在的问题是，免费流量越来越难获取、付费流量越来越贵。而私域流量不仅属于自己拥有，还可以自由控制，进行免费、多次利用。例如，针对微信群这个私域流量，我们可以自主、无限次地利用，发布的活动信息可以触达到每一位成员。

2. 私域流量转化率更高、裂变能力更佳，存量持续度更强

公域流量有两个关键点，一是“进房率”，二是“转化率”。对“进房率”起关键作用的，是制作的图文和视频内容能否引起陌生用户的兴趣，吸引他们花时间和精力去观看直播的内容，进而完成后面的一系列转化。

私域流量，从公共平台上关注的粉丝到微信或QQ群，再到微信或QQ好友，主播或商家与粉丝的关系，依次呈递增的形式。公共平台上关注的粉丝，只能单向地接收信息，转化率一般；微信或QQ群，至少是群友关系，信任程度高于粉丝关系，转化效果较好；好友关系则是信任度最高的，转化效果最高。

因此，私域流量越大，粉丝和主播或商家的关系越紧密，就意味着产品和服务的复购率越高，存量持续度越强。

3. 公域流量需要全网最低价，私域流量不需要全网最低价

私域流量也有两个关键点，一个称为“裂变率”，另一个称为“客单价”。对“裂变率”起关键作用的是，怎样让老用户邀请新用户加入直播间观看直播。有一个营销术语叫会员拉动会员（Member Get Member，MGM），意思是谁的拉新能力越好，谁的持续变现能力就越强。

目前，想在公域流量里达到一定的销售额，卖的产品就要全网最低价，这会给品牌带来不小的压力。而私域流量里沉淀的都是自己的忠实粉丝，黏性强、转化率高，并不需要给出全网最低价，相对而言客单价较高。

2.5.2 打造私域流量，才是重中之重

打造私域流量池十分重要，所以商家或主播就要将吸引来的公域流量转化为私域流量。一般的操作方法是，将在公域流量里吸引到的粉丝，留存到个人微信号、微信群、微信小程序或自主App上。

具体操作步骤为：

（1）通过图文、视频、直播等方式在公域平台上积累粉丝。

（2）利用平台账号主页、评论、直播内容引导用户添加个人微信号或粉丝群。

（3）将粉丝沉淀在个人微信号或粉丝群、微信小程序或自主App后，针对不同的人群，推出不同的产品或服务进行变现。

沉淀好私域流量后，借助个人微信号、社群、微信公众号等不同角色发挥的作用，就可以进一步盘活粉丝，利用直播变现了。具体方法为：

首先，在开始直播前，利用个人微信号精准触达粉丝。向这些粉丝传递信息，尤其是忠实度、转化率高的粉丝，提前告知他们直播的时间和当天直播主打的产品。

其次，利用社群维护粉丝，宣传直播活动。用各种福利，如红包或优惠券的方式，加强社群的活跃度，提高社群黏性，让社群粉丝对直播有所期待。

再次，用公众号做好承载，将准备好的预热内容，利用公众号分发出去，同时还可以测试粉丝对直播的期待，以及反向测试粉丝的需求，粉丝需要什么产品，你就卖什么产品。另外，预热时还可以利用朋友圈，做进一步的传播裂变。

最后，利用直播转化，提高产品的销售，获得利润。

明星品牌完美日记，就是将公域流量有效转化为私域流量的典型代表。

成立于2016年的完美日记，先是在小红书上大量投放KOL广告，再在微信里运营私域流量，最终实现了爆发式增长。

从2018年起，完美日记都将上新的时间卡在“6·18”和“双11”购物节的前两个月。在推广新品前，完美日记会从中选出一到两个潜力产品，和小红书上的少量头部KOL、大量腰部和初级KOL全面合作。其实KOL并不能将产品直接转化为购买力，与他们合作的目的是制造品牌认知和激发大众的购买欲，最终，再将流量引导到天猫上促成成交。

消费者在旗舰店购买产品后，会通过实体产品中的卡片引导（用领红包提升添加意愿），添加完美日记的个人微信号“小完子”。而后，通过和消费者私聊，“小完子”会引导消费者加入微信群。

同时，利用完美日记小程序中的优质内容，吸引消费者不断关注，再利用“小完子”这个KOL形象，打造朋友圈人设，从而影响消费者的购买策略。最终，在朋友圈和微信群里同步产品促销信息，引发消费者的复购行为。

完美日记引导消费者购买商品的方法如图2.2所示。

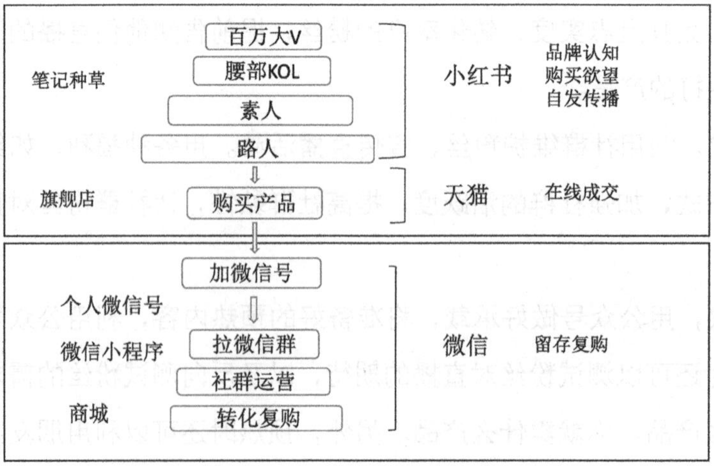

图2.2　完美日记引导消费者购买商品的方法

Chapter 3

做好准备——直播前用户、产品和主播分析

做带货类的直播，将产品卖给用户便是直播的最主要目的，因此，产品和用户是影响直播成败的核心因素，直播前应全面做好用户和产品分析。下面我们先从用户角度进行分析。

3.1 用户分析——了解消费群体的两大目标

3.1.1 目标一：什么人群喜欢用直播购物

做好用户分析，可以有效提升销售的转化率和用户的留存率。作为主播，要清楚地知道，观看自己直播的是什么人群，喜欢直播购物的人有哪些特征，以及用户有什么喜好和需求……

1. 消费人群

据中国消费者协会调查显示，在受访者中，“80后”“90后”是直播电商购物的主要人群，人数占比分别是50%和33%。《2020淘宝直播新经济报告》数据也显示，淘宝直播用户群体主要为“80后”“90后”，其次是“70后”，“00后”也占一定的比重，直播电商用户群体年龄分布情况如表3.1所示。

表3.1 直播电商用户群体年龄分布情况

年龄群体	直播电商用户群体	淘宝直播用户群体
“00后”	9%	7%
“90后”	50%	36%
“80后”	33%	34%
“70后”	6%	16%
“50后”	2%	7%

数据来源：中国消费者协会、阿里研究院

另外，从淘宝直播、抖音、快手和拼多多平台的用户性别比例分布来看，直播电商的用户群体主要以女性为主，直播电商平台用户性别比例分布如图3.1所示。

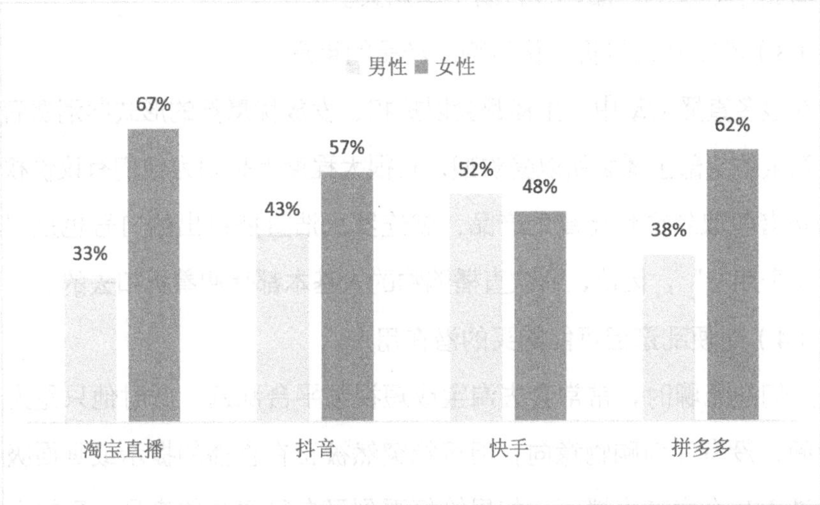

图3.1　直播电商平台用户性别比例分布

数据来源：中国消费者协会、阿里研究院

同时，经研究发现，有直播购物行为的用户基本为以下四类：

（1）没有时间挑选、研究产品的用户。

有些人没时间或没兴趣研究产品种类和详情，喜欢根据别人的推荐来购物，而直播卖货恰好满足了这种需求。主播通过前期的严格把关筛选出相应的产品，并在直播间对产品信息、适合人群进行详细的介绍，这样，比起自己花时间“做功课”，选择主播推荐的产品对消费者来说更省心、便捷。

（2）对产品有疑问，犹豫要不要购买的用户。

人们在网络购物平台上购物时，并不能直观地感受产品，因此常存在疑问，不会马上下单购买。而直播卖货的最大优势就是，消费者可以看到产品的展示效果，了解产品的试用状态，主播还会对产品的制作工艺和成分进行详细介绍，并及时回答他们的疑问。

在这种情况下，对产品有疑问，正在犹豫要不要买的用户，如果在直播中看到了心仪的产品，很容易下单购买。

（3）希望利用打折、优惠购买产品的用户。

在很多直播活动中，主播都会以折扣、发放优惠券的形式向消费者送福利。淘宝的头部主播之所以受欢迎，在很大程度上是因为他们有议价权，能为消费者争取到性价比高的产品；就连罗永浩直播打出的口号也是“不赚钱，交个朋友”，因此，喜欢直播购物的人基本都是冲着折扣去的。

（4）随便乱逛但可能购买的潜在用户。

人们在无聊时，常常会去淘宝或短视频平台乱逛，此时他只是为了打发时间，没有任何购物意向，但可能突然被正在直播的提示或画面吸引，从而进入某个卖货直播间。如果恰好看到了自己喜欢的产品，正被主播声情并茂地展示，在有折扣优惠的情况下，很容易产生购买冲动。

2. 人群分布

喜欢直播购物的消费群体，多居于一二线城市，其中二线城市占比高达42%，一线城市占比34%，三线及其他城市人数较少，占比只有18%。

3. 消费情况

从消费水平来看，直播电商平台用户的消费能力主要集中在200~1000元，当然200元以下的消费用户也大有人在。其中，淘宝直播用户的消费能力较强，1000元以上的用户占比达28.5%。排在其后的为抖音用户，1000元以上的用户占比达24.5%。

除了对整体的直播购物用户有大致的了解，达人或商家也要分析自己的粉丝用户，以增强粉丝黏性，提高购物转化率。直播电商平台用户消费水平如图3.2所示。

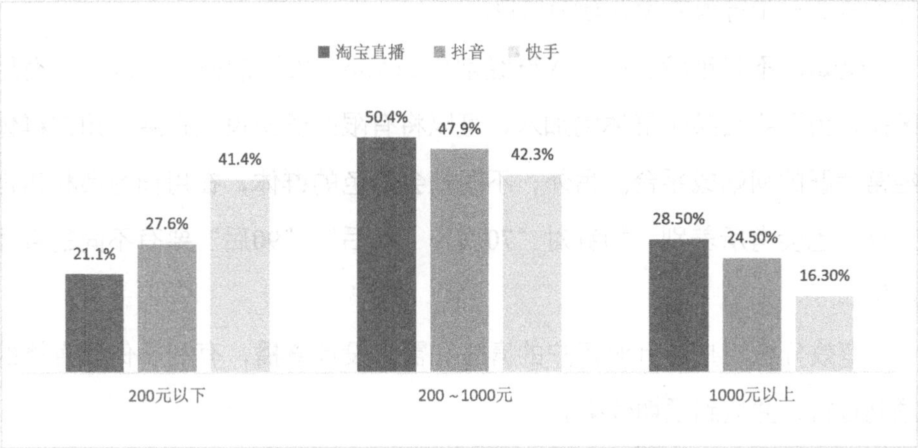

图3.2　直播电商平台用户消费水平

数据来源：QuestMobile、前瞻产业研究院

3.1.2　目标二：直播购物人群的属性、行为特征

用户分析主要从两方面进行，一是属性特征分析，二是行为特征分析。

1. 用户属性特征分析

用户属性特征分析是分析用户的最基础元素，如性别、年龄、分布地区等基本信息，利用飞瓜数据等相应软件，即可分析得出。用户属性特征又分为固定属性和可变属性，固定属性如“女性”“出生于上海”“汉族”等一生不可改变的标签。而可变属性则是某段时间内用户带有的属性，如“未婚”“学生”“月入3000”等短时间内的标签。

在了解用户的基本特征后，就可以针对用户群体的需求选品，并针对粉丝喜好提取相应的营销卖点。例如，一个主播的粉丝占比较高的标签为：女性、年龄25~30岁、上班族。那么这个主播在带货时，就可以针对这个年龄层的群体选品和设计台词。

2. 用户行为特征分析

在分析了用户的基本信息后，还可以对他们的行为特征进行分析。直播运营团队要多研究用户的行为特征，然后反向模拟他们的行为路径，在他们的每一步行为中设计营销信息。

例如，不同年龄、职业人群经常用的App、关注的微信公众号会有所区别，为了吸引某个群体的加入，可以将有限的资源投放在某个用户群体经常活跃的网站或平台。另外，不同社会角色的群体，在用词习惯和语言风格上也会有所差别，如针对“70后”“80后”“90后”要有不同的直播风格。

有效分析用户并针对用户的喜好和需求设计直播，有利于保证直播的顺利进行，并达到预期效果。

3.2 产品分析——五步确定产品直播策略

直播电商，以产品为中心，所有活动都是围绕产品进行的。前面我们分析过头部带货主播的成功秘诀。强大的选品能力，是他们做好直播的基本保证。

作为带货的主播，不仅要知道自己卖什么，还要知道什么好卖、什么不好卖，以及如何设置才卖得好。

3.2.1 第一步：选品定位，你的直播要卖什么

在选品之前，要做好选品定位，弄清楚产品是卖给什么样的人，哪些产品适合在直播里卖。我们可以从以下六个方面入手。

1. 粉丝的需求——粉丝要什么

我们在前面介绍过，直播之前要做用户分析，考虑用户的需求，尤其是有了一定粉丝量的商家或达人，可以借助卡思数据、飞瓜数据等数据分析工具，做决策和运营。

另外，打算做直播的商家或达人，可以在一开始直播时只做预热活动，不带货，初期先建立自己的粉丝群，通过和粉丝的互动，进一步了解

他们的需求。

当然，已经做电商的卖家转做直播卖货会相对容易，如果没有粉丝基础，也可以尝试先在直播中推荐一些产品，然后听取粉丝们的反馈，逐步摸索改进。

2. 市场趋势——什么东西好卖

冬天卖羽绒服，夏天卖裙子，端午吃粽子，中秋吃月饼……每个季节和节日都有对应的畅销品。直播带货团队应对市场上的热销产品有一定的敏感度，随时关注热点趋势，做出正确的采购决策，寻找一手货源，甚至是研发出受欢迎的新品。

平时带货主播可以多关注淘宝热卖、网络爆款、时令节气、海外潮牌等。在抖音和快手等短视频平台上，相比其他产品而言，美妆护肤和食品饮料就比较好卖。快手商品榜top100品类如图3.3所示：

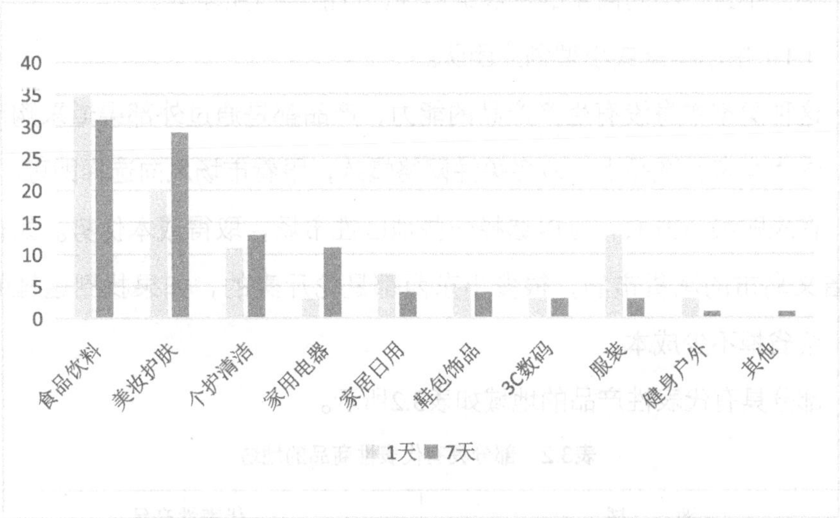

图3.3 快手商品榜top100品类

数据来源：中国消费者协会

3. 主播人设——主播的专长是什么

不同的主播有不同的人设，自然也有不同的粉丝群体，有些主播靠颜值吸引粉丝，有些主播靠自己的萌宠出名，有些主播是数码产品的行家……总之，不管什么产品，只有找到适合它的主播，才有可能卖得好。

例如，美妆达人卖口红，科技达人卖数码产品，母婴主播推荐儿童辅食，所卖的产品跟他们的人设都十分相符，粉丝自然也容易买单。

因此，在准备做直播带货之前，一定要根据主播的性格、说话方式、专业技能等，塑造出一个风格独特、有辨识度的形象。

4. 参考同行——看看别人卖什么

刚开始做直播带货的主播，可能并不知道如何选择产品的品类和款式，这时可以参考一下同行。在打算做直播带货之前，最好研究一下行业前100名的同行数据，并持续关注。

5. 供应链——货源渠道是什么

直播带货本身就是电商的一种，而对于电商来说，供应链是非常重要的一环。不过，不同商家的供应链情况，可能会有所差异。

（1）中小卖家或小型创业团队。

这种卖家本身没有生产产品的能力，产品都是通过外部渠道采购而来的。这类卖家在选品上，应多关注网络爆款，跟着市场风向选择即可。

在采购渠道方面，可以选择一些地区性市场，取得成本优势。如在浙江省义乌市的尾货市场，很多小东西都是论斤卖的，如果找到这样的渠道，会省掉不少成本。

部分具有代表性产品的地域如表3.2所示。

表3.2　部分具有代表性商品的地域

地　　域	代表性产品
广州	化妆品、服装
义乌	小产品
福建	鞋包
深圳	电子产品

产品质量过关，控制供应链成本，才会有更多竞争优势，尤其是直播带货这种前期强调性价比的销售渠道。另外，在选择厂家或产品时，最好不要选择容易断货或厂家放弃生产的产品。

（2）网红、达人。

如果自身是网红或达人，可以利用自己的流量优势与供应商谈价格，以寻求比较优惠的合作方式。高量级的直播达人，各大品牌都会主动找他们合作。相对而言，他们在价格谈判方面有很大的优势，也能以较低的价格服务粉丝。

（3）品牌商家或自有产品的商家。

对于品牌商家或自有产品的商家，甚至是贴牌生产的商家，在计划直播卖货之前，可以先观察一下自己的SKU，如果自身的SKU较少，则无须培养主播和搭建直播团队。

这种情况下，可以直接找达人或MCN机构合作。这样一来，产品的销售面会铺得更广一些。不然，让自己的员工一直直播为数不多的几款产品，员工和粉丝都会产生疲劳心理，反而不利于产品的销售。

（4）品牌代理商或微商。

如果自己是品牌的代理商或微商，供应链完全依赖于品牌方，这种情况不要急着去卖产品，而是要先将自己的客户沉淀到私域流量池，然后再进一步做销售转化。

6. 直播主题——你想表达什么

根据直播活动的主题来定产品，如中秋特惠、每日尝鲜、大牌专场等。定了主题，就要选择与之相对应的产品，如中秋特惠可以选择一些与中秋节或这个时间段有关的产品，而每日尝鲜可以选择一些新品，大牌专场则是各大品牌产品的集结……

3.2.2 第二步：确定品类，哪些产品适合直播

尽管直播带货好处很多，能让网友更直观地感受产品、有效提高产品销量，投入和产出更一目了然，但并不是所有的产品都适合直播的形式。

纵观头部带货主播，他们在选品上都更偏好单价低、决策快的快消品，单价高、高品牌溢价产品或供应链不够健全的新创品牌等，在直播带货中并没有取得良好效果。

据直播大数据平台“直播眼”提供的数据显示，在一个月进入直播间的数百万件产品中，其中约5%的产品销售惨淡或寥寥无几。出现这样的情况，其实很大的问题出在选品上。那么到底哪些品类适合在直播间售卖呢？

1. 食品饮料

据2019年艾媒数据中心提供的数据显示，直播网购产品品类中，销售最多的是食品饮料，占比高达38.69%。尤其是休闲类的零食，近年来被消费者赋予更多的意义，市场稳步增长，复购率很高。据统计，2020年10月—2021年3月，抖音上的美食产品类目保持着每月5.16%的增长率。

这种产品一般价格适中，性价比较高，味道和质量已经经过粉丝认证，如螺蛳粉、汤达人方便面、杧果干、火腿肠、泡椒笋条等，这类产品一般适合薄利多销、低价走量。

2. 洗护用品

在网购产品品类中，洗护用品位居第二。洗脸巾、身体乳、洗发液、纳米牙刷、洗护套装等，都是在直播中销量较好的产品。如果主播的女性粉丝占主体，就可以推荐这个品类的产品。

3. 家居用品

直播网购产品品类中，销售居于第三位的为家居用品。而且，据商务部大数据监测显示：“2020年第一季度电商直播超过400万场，其中家居

用品、厨具、健身器材等品类同比增长超过40%。”

梅西百货董事长兼首席执行官杰夫·金内特也表示：“家居用品现在正处于黄金时期，我认为这是每个零售商的共识。人们会看到大量的销售——消费者在计划着更新自己的住宅，软家居类别的销售特别突出”。

4. 服饰箱包

服饰箱包本身在电商购物中就是一个非常大的品类，转移到直播电商中无疑更有优势，生动的直播不仅可以真实地展现此类产品的试用效果，同时身穿漂亮衣服的模特更吸引人们去观看，因此，服饰箱包作为女性消费品中的一大项，粉丝以女性群体为主的主播可以考虑。

5. 美妆护肤产品

在“颜值经济”崛起的今天，美妆护肤类产品的销量一路高涨，本类产品具有需求大、频次高、潜力大等特点，尤其是抖音等短视频平台的受众人群，与美妆类产品的用户契合度很高。在用户和品牌的积极参与下，带货类短视频与直播的变现能力进一步增强。口红、粉底、粉饼、腮红、睫毛膏等，这类产品性价比高、颜值好，非常受女性消费人群的喜欢。同时，国货和一些主播自有品牌也很受粉丝们的追捧。

6. 网红数码产品

在直播销售的产品中，我们发现年轻粉丝比较偏爱于便捷好用、物超所值的数码产品。像网红空气炸锅，无油又环保，深受上班族欢迎；而一款儿童早教益智机器人，也非常受妈妈群体的青睐。因此，直播带货团队可以多挖掘此类新品。

快手30日热销品类排名如图3.4所示。

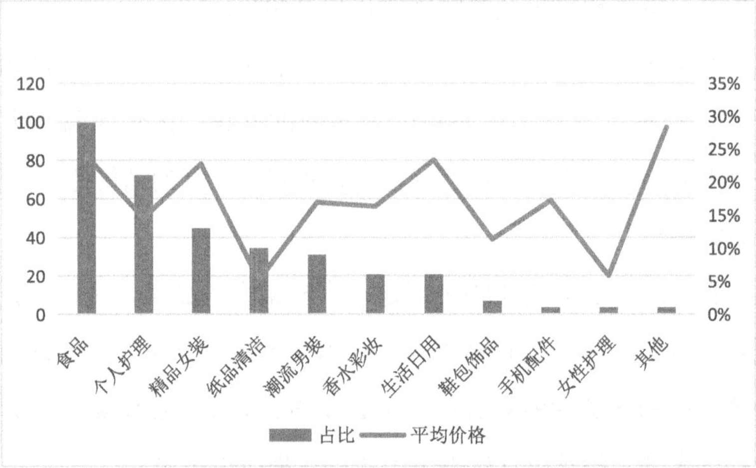

图3.4　快手30日热销品类排名

数据来源：中国消费者协会

3.2.3　第三步：选品技巧，哪些产品不好卖

著名财经作家吴晓波在淘宝直播中首次带货，直播结束后被指出：某商家花了60万元坑位费，直播只卖出15罐奶粉，结果还被退回3罐。一时关于直播带货的争议被推向了高潮。对此吴晓波将“翻车”的原因归结为两个：一是他的表现，二是选品逻辑。

其实，在直播间产品销售“翻车”的，不止吴晓波一个人，如某主持人在直播间卖貂皮大衣，结果销量为零；某选秀明星在直播间销售茶具，成交量不到10单；某喜剧演员在直播间销售一款白酒，当天卖出20多单，但第二天有16单退货……

虽然在直播电商时代，万物皆可播，但是初期仍有一些产品在直播间的销量不太理想。下面我们对目前销量不太好的产品做了总结，以供借鉴。

1. 奢侈消费品

奢侈类产品因为本身受众小、价格高，盈利点是依靠单品利润，而不是靠走量的方式。从某种意义上来说，直播像是一场抢购式的狂欢，其亲民、接地气的属性和奢侈品神秘、高冷的调性不是十分契合。正如LV在小红书平台上的直播首秀，广大网友并不十分领情，纷纷表示“像地摊货”“好low”“以为是仿货直播”。

但并不是所有的奢侈品都不适合直播带货。妃鱼平台的二手奢侈品版块，已经开启了直播带货的模式，据统计，妃鱼平台上约60个自有主播，其中有一半以上的主播能做到月销售额超百万元。

如何平衡带货与品牌调性，是品牌方要着重考虑的方面。

2. 车、房等超高价消费品

汽车和房产属于大额消费品，一般不会使用户产生冲动消费，通常，从有购买想法到完成购买，需要多次品牌触达和产品体验。

虽然在直播间带货卖汽车的主播并不在少数，而且由于新冠肺炎疫情的影响，很多汽车4s店开始转向线上销售，但是实际上真正完成销售目标的并不多。令人意外的是，直播可以刺激用户产生购车欲望。因此，可以考虑将直播作为汽车营销链条中的一个重要流量节点。

同样，刷爆地产圈的“某主播直播卖房”，也并没有达到预期的效果。而某主持人所卖的昆明“不限购不限贷楼盘”，最终也只卖出了一套。因为购买房产过程比较复杂，其中会涉及宏观政策、城市规划、贷款、装修等大量专业知识，传统楼盘都设置为一对一（多对一）的服务形式，从目前的情况考虑，直播可以作为一个触达用户的渠道，进而促进后期的线下转化。“线上推广+线下转化”的模式，也正是大多房企积极采用的策略。

3. 高端家居产品

目前，在高端家居直播带货方面，并没有销量特别高的案例。

如格力集团董事长的抖音直播首秀，虽然观看累计431万人次，在线人数峰值21.63万人次，但是战绩却有些惨淡，销售额仅为23.25万元，而其中一款新冠空气净化器，也只卖了3台。

一家具有30年历史的家居品牌，以品质、实惠、性价比为主打，一直以来拥有不错的口碑和销量，特意邀请家居垂直领域的头部主播做直播，无论在人力和物力上都有不小的投入，结果最后只有14人下单，并没有获得很好的效果。

4. 奇葩产品

奇葩产品由于比较新奇，一时能赚个眼球，但并不能引发购买或复购行为。如麻辣火锅牙膏、榴梿鸡尾酒等，这类产品由于口味比较小众，购买的人数并不会太多。就算新奇的产品售卖出去了，后续的售后也可能会比较麻烦。某头部主播就曾在综艺节目上曾表示，自己并不会带货此类产品。

5. 华而不实的产品

在选品时，一定要及时淘汰华而不实的产品。

曾做过某美妆主播助理的人表示，虽然每次选品会上有上百种产品，但是通过看表格、检查质量，大部分产品很快就被否决。例如，一款来自泰国的唇膏，条形码的开头竟是69，这说明这款产品是国内工厂代加工的，只是被包装成了泰国进口的样子；一款精华液，包装、效果与某款知名品牌十分相似，但是价格并没有优势，只要稍微加点钱就可以买名牌，消费者并不会买账。

另外，某品牌特意定制了一版纪念款的腮红，表层有个浮雕的桃心，他拿起腮红刷刷了几下，小桃心就被刷掉了，这种做表面文章的“创意”，消费者也并不会买单。

如果美妆产品只做一些表面文章的创新，就难以让女性用户买账。华而不实的其他产品也是如此。

6. 保质期短的产品

蔬菜是日常生活的必需品，但保质期短。做过蔬菜类产品直播的人表示，蔬菜进货回来后会按照30%提价，随后再慢慢降价，但是一场直播下来，进了1000元的货，最后才赚几十元。而且蔬菜容易腐烂，处理不好就会亏损。此时，蔬菜肉类产品并不会为主播带来多少打赏，且此类产品，新鲜才是关键，并不适合长途物流运输，很容易产生售后问题。因此，除非本身就是卖蔬菜的商家，顺便做个直播卖菜，而和商家合作的带货主播，不适合带此类产品。

7. 批发类产品

批发类产品针对的客户群，主要是大批量采购的买家，而在电商平台上销售的产品，在价格和批量上并没有太大的优势，在这方面，线下的批发市场才是销售的主力。买家也会有自己专属的进货渠道，一般不会通过直播的方式来采购产品，因此批发类产品的卖家，尤其是零部件类的批发商，不太适合通过直播的方式来销售。直播眼的数据显示，一家卖裤子拉链的企业，做了33场直播，结果只卖了97.6元。

8. 虚拟产品

像小额代金券、优惠券等产品，直播带货的效果并不理想，同样，影视网站会员卡、基金产品、云吸猫、云养猫等产品，暂时都没有比较好的销售数据。

需要注意的是，以上产品只是目前没有取得好的销量，后期随着直播电商的普及、用户的接受程度提高，以及企业方的探索，可能会有越来越多的产品可以有效通过线上直播销售。

3.2.4 第四步：定价策略，直播就是拼低价吗

看了前面这些适合和不适合直播带货的产品，你可能想问，消费者到

底关注的是什么？难道直播带货就是以低价取胜吗？品牌和商家又该注意什么？

1. 消费者看中的是性价比

据直播电商数据显示，在前期的热销产品中，70%以上的产品价格是在40元以下；而标价60元以上的产品，仅占10%，而且产品多为前面我们总结过食品饮料、美容护肤、服饰鞋包和床上用品等。某头部主播也曾直言，自己选品时依据四个特点：质量好、价格低、需求大、轻售后。

一些明星带货的高价产品销量也比较惨淡，究其原因，是从消费者的角度来说，喜欢这个明星和要花大价钱买他推荐的产品是两回事，这也正是明星直播时有上百万人观看，但是销售转化却不尽如人意的原因。

2. 产品质量要过关

在选品时尤其要重视产品的品质，前期要做好相关的产品测试，为粉丝做好质量把控。假如产品空有低价，但质量不过关，最终会导致退货或引起消费纠纷问题。

中国消费者协会在消费者调查中发现，在直播购物中，有37.3%的人遭遇过售后问题，即使是在直播带货迅速发展的2019年，品控、售后、发货等方面也屡次出现问题。在直播购物中，决定人们下单的关键因素是“性价比”“喜欢程度”，有60.1%的人表示是因为产品的性价比高才购买。因此，直播带货只追求主播效应，忽视质量把控，是目前存在的比较突出的问题。

同时，有些平台为了吸引主播和品牌入驻，在监管上并不严格，而消费者就“主播是不是经营者”的问题，也存在一定的认知偏差，这就致使人们在维权时，不易找到合适的对象。

2020年7月，浙江省率先发布直播电商服务规范，这些政策的出台，也会从侧面推动产品质量提供了保障。

直播带货，货是基础，起决定作用的还是产品本身。产品合格，才是直播能长久发展的生存之道。

目前，虽然直播中的产品基本以低价取胜，但是吴晓波曾在文章中表示：我坚信，直播不应该只有“全网最低价”，不应该只有一种或两种呈现模式。随着越来越多的行业品牌入局，冲动性购买将让位于品牌价值传导，这时候，就需要更多场景化的呈现，需要在品销合一的前提下，进行模式创新。

另外，一些高客单价的产品，在直播间即使暂时没有取得比较高的销量，也可作为某一个环节的营销，取得良好的效果。正如吴晓波在文中所言，通过他的第一场直播，街景街品牌热度提高了15%，店小驴日均咨询30条，引导销售额超过5000万元。

前面我们也提到过，以私域流量为主的微信小程序直播，更注重品牌，因为观看直播的用户基本都是忠实粉丝，因此，并不需要以全网最低价的形式销售。

3.2.5 第五步：针对主题，做好产品设置

在选完产品之后，还要针对每一场直播的主题，对产品的款式、价格区间、促销活动、库存配置进行相关的设置，以做好相应的运营工作。

1. 款式

直播带货时，并不是想卖什么就卖什么，而是要做好计划，比如，提前设置好哪些是引流款，哪些是利润款。

（1）引流产品。

顾名思义，引流产品是用来吸引流量的产品，在直播中我们可以挑选一些性价比较高的产品作为引流产品，以利于推广后续的其他产品。其实，一些淘宝店铺在推广时也采用此种方式，例如，在店铺里特意选出一款低价产品，以吸引感兴趣的人群进入店铺，进而带动其他产品的销售。

如九块九五斤橙子包邮，一元双眼皮贴等。

当然，现实中也存在一些主播本身就是靠跑量赚钱的。

（2）利润产品。

一般本场直播要主推的产品，就是利润产品。这款产品卖点独特，具有人无我有、人有我优的特性，而且在直播中利润款的产品要占比较大的比例，也就是说，一场直播中起码要有一半以上产品作为主推款。

例如，罗永浩的直播间用大牌半价作为引流款产品，而其他产品则为利润产品。

（3）套餐/赠品。

在推荐的产品中，还可以进行一些组合搭配，这其实也是一种促销手段。一般的搭配组合是在畅销的产品中，捆绑一些滞销产品销售，或者以赠品的方式，将滞销的产品免费赠送给消费者，而实际上它的成本已经算到价格中了。

例如，在超市购物或电视购物中，我们会看到一些产品的优惠组合搭配，一种是像“新希望活润莓+桑葚风味酸奶和黄桃+杧果风味”的组合；一种是购买399元产品，赠送价值399元超值礼包的搭配。这种套餐或赠品的形式，会让消费者有占了便宜的感觉，自然购买的意向会更高。

2. 产品特征/优势

每次直播前，我们都要确定产品是否符合市场需求、直播的主题及主播人设等，因此，可以趁此机会，将产品的特点和优势逐一写下来，然后再择优筛选。如表3.3所示。

表3.3 产品特征 / 优势筛选

产品特征/优势		
产品名称	产品特征	产品优势
茉莉花短袜	女短袜、纯棉、夏季	穿足180天，原味浓香

续表

产品特征/优势		
产品名称	产品特征	产品优势
阔腿牛仔裤	女牛仔裤、阔腿、春秋	型好、耐脏、面料柔软
oversize卫衣	长款卫衣、加绒、冬季	酷、潮、保暖、面料舒适

3. 价格区间

前面我们介绍过，直播带货中价格在10~100元的产品，较受消费者青睐，由于目前的直播带货具有一定的娱乐性，消费者通常是在冲动之下消费。

一般情况下，消费者购买50元以内的产品时，决策过程最短；而在购买50~100元的产品时，就会对必要性和实用性有所考虑；对于价钱超过100元的产品，消费者就会更看重质量和品牌了，自然会更谨慎。

当然，并不是说在直播中价格贵的产品就一定卖不好，只不过需要一定的过程来建立消费者的信任，“老爸评测”带货过几百元甚至上千元的产品，前提是前期在短视频中输出的内容建立了强烈的信任感。

4. 库存配置

直播中推荐的产品会有一个更新的周期，而且还要设定不同款式的比例。例如，最近一周我们会主推三款裙装，一款引流的裙装，那么每隔一个周期，为了保持直播内容的新鲜感和饱和度，就要进行相应的调整。

另外，正如小米手机常用的饥饿营销一样，直播间里的产品库存，一定要少于在线观看人数，尤其是引流款和主推款更应遵从这个原则。

此外，产品要想在直播间里卖得好，还要注意以下三个方面。

1. 粉丝要精准

只有精准找到粉丝，产品的转化率才会高。

2. 给用户提供价值

这个产品有什么特色，用户在使用产品后会有什么效果，只有让用户看到了产品的价值，才会增加产品的吸引力。

3. 有效展示产品

主播在直播间里要充分向用户展示产品，产品的外观、操作步骤、使用后的结果，都应该让用户全面了解。

3.3 主播分析——四大要点，与主播达成良好合作

商家在确定选择直播带货后，要考虑与哪个主播合作。

主播作为直播活动的主要参与者，掌控直播节奏、影响带货结果，所有人员的一切活动，都围绕主播展开，主播的工作十分重要。

但是，纵观主播市场，市面上的主播层出不穷，MCN机构参差不齐。商家在选择主播时，应注意什么呢？

3.3.1 要点一：确定寻找主播的渠道

无论是品牌企业，还是中小商家，由于各自的情况有所不同，选择什么类型的主播，要结合自己的产品及预期的投入产出比来定。

如果是客单价比较低的大众消费品，建议选择腰部主播，明星及头部主播的性价比不高。

如果品牌是明星代言，在消费者中有一定的知名度，这种商家本身有一定的财力和资源，可以找头部主播带货。先用明星打造知名度，再找头部主播带货走量，效果会更明显。

如果本身财力有限，可以选择腰部主播，或者退而求其次，找素人主播合作。如果选择腰部主播合作，可以利用主播的个人品牌，去试水一些新品来测试一下市场反馈。如果选用素人主播，可以选择合作或自行培养

的方式。

在确定了主播的类型之后，接下来就该利用相应的渠道，去寻找主播资源，但在实际执行中，由于信息不对称等原因，可能会出现各种问题，以下是我们常用的渠道。

1. 官方平台

直播平台上，一般都会有官方推出的主播资源合作信息，如淘宝的阿里V任务、抖音的巨量星图。平台上推荐的主播，一般都属于MCN机构签约主播，与这些主播合作都需要支付坑位费，很少采用纯佣金形式。

另外，除了直接找主播，还可以利用淘宝的直播通或抖音精选联盟，直接在平台上铺货，让更多的主播或短视频创作者带货。

如果时间允许，还可以根据行业和产品分类，自己去各大直播平台寻找主播，目前一些平台推出了直播排行榜，商家可以依照排行榜进行甄选，也可以自己去直播间根据主播的粉丝量、点赞数、评论数，以及直播的时长、人气和产品种类进行分析。

2. 第三方平台

（1）MCN机构。

提起第三方平台，首先想到的就是MCN机构，有些媒体还专门整理出了一份《MCN排行榜》，商家可以根据这些MCN机构找到合适的主播。

另外还可以利用蝉妈妈、飞瓜数据、知瓜数据等专业分析平台，去查询MCN机构推荐的主播的相关数据，甚至还可以分析过往与现在的带货数据变化。

（2）传播易、微播易等采购平台。

在传播易、微播易等采购平台上，也可以找到一些主播资源，与MCN机构相比，这些平台上的主播是经过筛选的，会让商家少走一些弯路，避免被坑。

（3）U渠道等商务对接平台。

如果为了省事，可以去U渠道这种实名制的商务对接平台上，直接发布相关的主播需求，有意向的机构或主播看到后，会主动联系商家。

（4）社群对接。

除了以上几种方式，还可以去商家论坛或贴吧寻找，或者通过身边人的推荐，加入一些社群，有些专业的社群里有很多主播资源。

3.3.2 要点二：商家如何避免被坑

很多主播都属于MCN机构，与主播合作，要先与MCN机构签约。但是目前直播带货行业鱼龙混杂，市面上存在很多不正规的MCN机构，商家在选择时，要注意甄别。据了解，以下三种合作模式可能存在问题。

1. 第一种：1：1保量推广模式

一些品牌，尤其是美妆品牌，找主播合作主要是想通过直播提升知名度。有些MCN机构就提出1：1保量推广模式，例如，某MCN机构提出的条件是，5万元服务费+20%提成，保底5万元销售额的合作模式。如果销售额没有达到5万元，就向商家退回服务费。

商家听到这个条件，觉得十分合适，毕竟自己做推广也要花钱，何况还能卖货。但往往实际情况是签了合同，合作进行时问题就产生了。原来，这些MCN机构在拿到服务费后，只是简单直播，用商家付的服务费买货冲业绩，赚取其中的佣金；接着将没有卖出的一部分货退回去；最后再将买到的货，通过社群和团购的渠道卖出去，稳赚一笔。

这样一来，商家并没有取得一开始想要的推广效果，得到的不过是一堆假数据。

2. 第二种：1：3保量卖货模式

第一种模式，可能主要是针对一些不知名的小商家，而1：3保量卖货模式，针对的则是专门想通过直播卖货的知名商家。例如，MCN提出的条件是：20万元坑位费+20%佣金，保60万元销售额。照此推算，商家的成本是，20万元坑位费+60万元销售×20%佣金=32万元，与卖出的60万元销售额相比，还有毛利。

可是，等双方合作结束之后，商家算账时才发现，自己不仅没赚钱，还倒贴进去2万元，这是为什么？因为花出的费用：20万元坑位费+60万元×20%佣金+60万元×20%物流人工成本+60万元×30%退款，最后算下来是62万元。

事实是这样的：一些MCN机构会利用粉丝团或外包刷单，在完成销售额之后再陆续退货。因此，作为商家，遇到此类合作模式时一定要注意以下三点：

（1）签合同时，约定退货率指标。

（2）最好选择纯佣的合作模式。

（3）最好选择与头部主播合作。根据长尾理论，20%的头部主播掌握着80%的直播流量，如果条件允许，最好还是找大主播合作。

3. 第三种：素人低坑位模式

看见有些标榜坑位价格低的主播或者机构，商家也应该警惕，以免贪小便宜吃大亏。

在直播带货中，有一种平民玩法：例如，一个有30多万粉丝的素人淘宝主播，每天直播4~6个小时，直播时段被切割成30个坑位，每个坑位按照800元坑位费+20%佣金收取费用，商家必须寄送样品。

商家经过合作发现，商家向其支付800元，主播卖货400元，向其支付80元的佣金，销售额等于320元，远远低于商家向其支付的坑位费。

其实这种低价坑位的玩法也有套路，一个MCN机构可以在短时间内培养100个素人主播，这些主播每人每天可以卖掉30个坑位，这样一天就会有3000个坑位，一个坑位收费800元。而且，这些坑位并不用自己去花时间和精力找客户，而是直接找代理，代理卖出一个坑位提成400元，剩下的400元就是MCN机构的收入。

这种模式看似简单，但实则非常狡猾，恰好迎合各方的需求：

（1）MCN机构以底薪+提成的形式，向素人主播支付工资，成本较低，同时保证了主播的稳定收入。

（2）用代理帮助卖坑位，对于代理来说，这是无底薪暴力分成，他们只管找到商家将坑位卖出去，并无其他成本风险。

（3）目前直播电商迅猛发展，商家更愿意利用新渠道做尝试，800元的坑位费对其来说微乎其微，即使卖不出多少货也损失不大。

（4）数据公司为其提供专业的数据包装服务，也会有不错的收入。

看似热闹的直播带货市场，其实很有可能存在骗局和作假的情况，因此，在选择与主播合作时，一定要多维度了解，不要贪小便宜。尽量和头部主播合作，因为头部主播反而能保证数据真实。

在找主播合作时，有什么注意事项呢？

1. 尽量选择纯佣的合作方式

直播带货关键看的还是产品，如果自己的品牌和服务能力较强，尽量选择与头部主播合作，并不是说头部主播就一定收费高，毕竟合作都是可以谈的，这样就可以过滤掉一批不靠谱的MCN机构。

2. 提前商定退货率

针对坑位费+佣金、保底销售额的合作形式，一定要提前商量好退货率，这个条件可以过滤掉没实力的主播或MCN机构。而且在直播前，商家一定要提前踩点，亲自去主播的直播间里观看直播，对主播的感染力、卖货效果等各方面做出评析。

3. 不要随便拿核心产品试水直播

在与MCN机构合作时，MCN机构一般都会要求商家拿高销量爆款产品做直播，而且要商家给出全网最低价和赠品的服务，对于这种情况，商家要做好分析，以防后续和其他主播合作时，将产品价格一再压低。直播卖货的形式，比较适合商家尾货清库存，或用引流产品开道。核心产品属于利润款，不建议走低价做直播的方式。

4. 控制好账期

对于不熟悉或首次合作的MCN机构，最好控制好账期，以防不正规的MCN机构经济出现问题。

3.3.3 要点三：选主播时到底要看什么

在筛选主播时，除了从主播定位、粉丝画像和直播数据等方面分析其和产品的匹配度，还应从以下细节鉴别其带货能力，以下都是从实践中总结出来的经验。

1. 主播的个人能力及专业度

（1）充沛的体力。

没有深入了解直播带货的人，会以为主播在直播间只是动动嘴皮子，和粉丝聊天的同时顺便卖卖东西，殊不知直播也是体力活，试想长达至少两个小时的直播，如果没有充沛的体力根本无法坚持下来。

（2）现场表现力。

如果主播直播时激情饱满，表现力强，就很容易带动直播间的氛围，从而激发粉丝的购物热情。如果主播情绪不够，直播间死气沉沉，自然粉丝们也不会长时间停留，下单率也不会高。

（3）优质内容。

虽然提供优质的直播内容，考验团队的策划和运营能力，但从根本上来说，还是要看主播的个人能力。团队在策划内容时也是基于主播的定位、风格和擅长方向，而且罗马不是一天建成的，直播时强内容的输出需要多年的积累和沉淀。如果主播本身没有提供优质内容的能力，单纯靠提前准备的内容背稿，这种直播很大程度上会比较呆板和无趣。

（4）反应能力。

直播形式的特殊性，要求主播有很强的应变能力，以应对现场突发状况，如果主播现场反应能力较差，则“翻车”的可能性会增加。

2. 主播团队的运营能力

除了看主播的个人能力，还要考察团队的运营能力。尤其是和主播团队有过合作经验的商家，可能更看重团队的运营能力。

（1）试用——主播和团队是否充分了解产品。

在和某个主播进行合作前，可以先给对方寄送一些样品。通过对方团队的试用或试吃，看主播和团队是否对产品充分了解，是否认同自己的产品。

（2）专业——垂直领域的专业度。

一般在选择主播时，越是细分领域的主播，粉丝的黏性就越强，产品的转化率也就越高。在正式合作前可以先研究一下主播的视频内容，甚至可以提前和其团队见面，看其在垂直领域的专业度如何。

（3）价格——所卖产品是否低于正常零售价，议价能力如何。

一般通过直播渠道售卖的产品，相比其他平台有一定的价格优势，越是头部的主播，其议价能力越强，我们可以通过查看其所卖的产品是否低于正常零售价，来判断他的议价能力如何，以便在合作时有个心理准备。

（4）福利——给粉丝的回馈到底如何。

一场完整的直播，一定会设置相应的抽奖、发代金券和为粉丝送礼等福利活动，通过观看和参与其福利活动，可以判断该团队的营销能力到底如何，经验是否丰富。

（5）互动——主播和粉丝的互动能力。

想要营造良好的直播氛围，一定少不了与粉丝的互动，主播可以通过回答粉丝的问题、进行小游戏、引导粉丝参与互动。如果主播与粉丝缺少互动，就无法激发粉丝的购买欲望。

（6）表达——主播的说话水平和文案水平。

商家找主播合作，为的就是宣传产品和卖货，在观看直播时，可以观察主播能否顺畅地说出产品的优劣、适合人群和使用场景，以判断后续是否会引起麻烦的售后问题。

主播是整个直播间的主角，每一个环节都需要主播来引导和完成，主播能活跃直播间气氛，引导观众的情绪，而这一切都是靠是主播的表达能力来支撑的。此外，直播间里还需要有广告露出，展现产品时还会有相关的文字提醒，这些考察的都是团队的文案能力。如果观看直播时，发现主播表达清晰，能有效带动直播间的气氛，同时直播间各种需要文案辅助的地方又展现得恰到好处，则可以考虑和主播进行合作。

（7）节奏——是否设置抢购环节。

一场成熟的直播活动，一定会根据直播的节奏来安排各个环节，如开场会有抽奖环节，然后才会进入售卖环节，在售卖环节可能还有各种互动活动，而且为了活跃直播间气氛、留存粉丝，还会设置抢购环节。如果一场直播活动只有单一的售卖活动，而没有设置其他环节，从某个层面上来说，这样直播在运营上多少有所欠缺。

3. 判断主播真实的带货能力

（1）去直播间踩点观看。

为了判断主播的带货能力，可以根据预告时间，踩点去直播间观看直播，看其是否符合前面提到的七条标准，团队的运营能力是否和坑位费匹配。

（2）看主播带货竞品的能力。

商家可以安排相关人员观看竞品销售的直播，通过看直播，一是可以掌握粉丝的购买力，二是判断主播的选品是否和自己的定位相符。如果主播带货的能力较强，则可以跟投。

（3）了解竞品选用的主播。

在挑选主播时，可以查看相关竞品的直播销售记录，看竞品所选用的主播如何，如果带货效果好，可以跟投；如果效果不好，可以避免入坑。

（4）加入主播的粉丝群。

在观看直播时，利用主播的引导或通过主播页面留的联系方式，加入主播的粉丝群，从中可以了解主播是如何维护粉丝的，也可以私下加其他粉丝的微信，进行调研。

（5）借助第三方工具。

前面我们也提到过，可以通过第三方平台胖球数据、飞瓜数据、壁虎等，多维度来进行判断，以鉴别主播的真实带货能力。

3.3.4 要点四：和主播合作时商家要做什么

找到了合适的主播，接下来就要进一步商定合作方案，与主播正式合作了，那么具体的合作流程是什么呢？虽然与不同主播合作，方式会有所差异，但是基本流程如下。

1. 前期

商家联系主播—确认合作模式—主播审核产品—确定合作产品—商家提供产品资料，配合主播团队整理脚本。

2. 中期

确定直播档期—寄送直播样品—提前申请佣金链接—主播熟悉产品和脚本。

3. 后期

主播收到样品—到期直播—播后反馈—七天后统计数据

从以上的流程中可以看出，商家找到主播后，要在前中后期配合主播做很多工作，不仅要寄送样品，还要配合整理脚本，甚至直播后还要统计数据。在与主播的合作中，以下四点需要特别注意。

1. 提前寄送样品

需要说明的是，一般在与主播确定合作前，就要向主播寄送样品。头部主播对产品的要求往往十分严格，只有通过了选品会的讨论，才能将产品纳入合作名单。

另外，因为正式直播时需要向用户们展示产品，如果前期寄送的样品不够，还可以在直播前专门再向主播寄送直播样品。

2. 提供详细产品信息，突出优势

在为主播寄送样品的同时，还要将产品的详细信息发送给主播，并着重突出产品的优势，在提高合作可能性的同时，还能为后期直播时介绍产品做准备。

3. 注明在其他平台的销售情况

除了以上两点，还可以向主播说明本产品在其他平台的销售情况，以供参考。

4. 关键价格要吸引人

关于直播带货，无论是主播还是用户，都十分关注产品的性价比，如果商家给出的产品价格十分吸引人，则会大大提高与主播合作的可能性。

Chapter 4

策划筹备——做好内容、预热与硬件准备

4.1 直播前的准备——五大方面做好直播

可能在普通观众看来，直播卖货无非就是主播依照台词，声情并茂地向大家推荐产品。其实，直播远非想象得那么简单，在正式开播之前，一定做好前期的准备工作。否则，很有可能出现各种不良状况，影响直播效果。

4.1.1 第一，做好直播的整体策划

做好直播准备的关键是，要有一个整体思路，从大的方面把握直播要点。在筹备直播活动之前，首先要做的是分析活动要点，主要包括以下5个方面。

1. 直播目的

在策划直播活动时，首要考虑的问题应该是，本场直播的目的是什么。是为了推广品牌，销售产品，还是为了积累粉丝？只有明确了活动目的，才能确定活动的内容、宣传的方式以及推广的渠道。

2. 活动内容

活动内容，也就是直播的内容。要确定直播的内容，需要确定直播的任务和形式。首先，不难理解，直播的首要任务是推荐产品，本场直播需要推荐多少种产品？想要达到何种效果？其次，推荐产品有多种形式，是采用秒杀形式，还是采用折扣的形式？

另外，为了增加直播的互动性和观众的留存率，在直播过程中还会加入抽奖、发红包等互动环节。因此，在策划直播活动前，要对本次直播的内容有个大致的规划。尤其是采取新形式或融入新元素时，更要在前期重点准备。

3. 筛选主播

对于需要寻找主播合作的商家，主播的选择也是前期要考虑的问题。例如，本次直播活动的预算有多少，想达到哪种直播效果，需要找哪种类型的主播合作，这些都应是前期需要考虑的。在此基础上，商家可以根据主播的粉丝数和粉丝类型、主播的基础指标、主播的直播经验和主播的价位，筛选适合的主播。另外，如果商家本身有卖货的主播，则可以根据实际情况进行选择。

4. 推广渠道

为了增加直播活动的效果，在策划直播活动时，还要考虑到推广渠道。是利用自有渠道推广，还是选择付费渠道推广？例如，某位头部主播每次在直播前都会在自己的公众号上做预告，罗永浩在直播前也会在抖音账号上传相应的视频宣传，这都是用自有渠道在做推广。另外，如果预算允许，也可以选择付费渠道，如和一些收费的大号合作宣传，在直播平台的首页推荐等。

同时，直播完成并不意味着直播结束，团队中的运营人员可以将有利于提升品牌传播效果的图片、文字和视频，上传至各大媒体平台进行新一轮的传播，使更多未看直播的观众进行观看，从而实现直播效果的最大化。

5. 推广形式

确定了前面的推广渠道，就要确定相应的推广形式了。例如，是用H5，还是海报？是选择推文、短文案，还是短视频？抑或是几种形式组合推广？

在准备一场直播活动时，只有考虑了以上五个要点，才能完成后续的准备工作，下面我们将直播要点分析以思维导图的形式来进行展示，如图4.1所示。

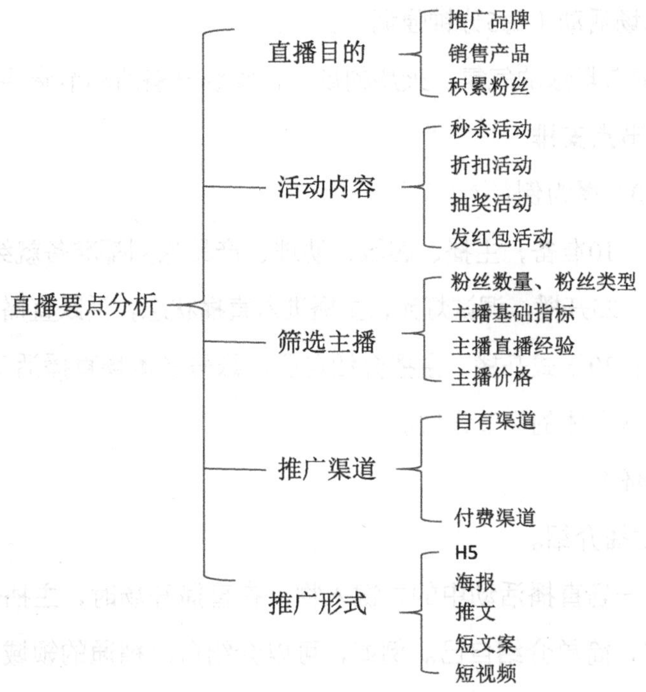

图4.1 直播要点分析思维导图

4.1.2 第二，设计完备的直播流程

很多新手主播的直播效果不理想，大多是因为没有规划，不了解直播就随意开播。而一个成功的直播团队，往往会提前做好流程设计，以保证直播活动的顺利进行。

即使是新手主播，如果直播流程设计得合理，只要多实践几次，就会越来越优秀、自如。下面我们来梳理一下一场直播的完整流程。

开场环节—产品介绍环节—结尾环节—后期传播环节—复盘总结环节

在设计直播流程时，要从两个大方面进行把控。

1. 总体节奏把控

（1）直播过程中每半个小时进行一次抽奖、推广、发红包或拍卖。

（2）直播过程中多跟观众互动，多引导观众关注、点赞，多介绍直播间账号和本场活动（每5分钟强调一次）。

（3）营造紧张的气氛、火热的场景，整场直播活动节奏要富有节奏。

2. 时间节点安排

以7：30开播为例：

（1）7：10准备，主播、客服、助理、产品陈列都准备就绪；

（2）7：25开播，调试灯光，主播进入直播状态，活跃直播间的气氛；

（3）7：30正式开播，主播介绍自己、账号及本场直播活动内容。

下面进入具体的环节设置。

1. 开场环节

（1）主播介绍。

主播是一场直播活动中的关键人物，在直播开场时，主播一定要先和大家打招呼，简单介绍自己。例如，可以介绍自己精通的领域，突出自己的专业性，让观众产生信任感。

（2）直播活动、福利、购买流程介绍。

主播在做完自我介绍后，还要对本场直播的活动、福利，甚至购买流程进行初步的介绍，激发观众观看的兴趣，增加留存率。

（3）预热开场持续3~5分钟。

一般的开场预热进行3~5分钟即可，进入主题太慢会打消观众观看兴趣，降低直播间的留存率。

（4）活动说明环节。

在给观众送福利的环节，每次具体的活动形式也要向观众讲解说明。目前常用的活动形式有抽奖、发红包、秒杀等。例如，抽奖活动就要向观众说明，有几名获奖观众，以什么标准来判定获奖，奖品是什么，怎么领取奖品。

每次活动持续5~10分钟，不需要占用太长时间，否则会影响整个直播的进度。

2. 产品介绍环节

在讲解产品环节，主播要用专业的态度介绍产品的功能、设计和规格等，依次讲出产品的卖点和优势，让观众直观清晰地了解产品。

与此同时，主播还可以挑选出一两个比较受欢迎的爆品，或者结合观众咨询率较高的产品来进行重点、深度的讲解，讲解时要注意以下几点。

（1）话术要点：突出优势、卖点和使用场景。

（2）介绍时长（每件产品）：10分钟以内。

（3）各类产品介绍要点。

- 护肤品类：产品成分/使用方法/效果类比。
- 家居用品类：质量有保证/耐用/好用。
- 服装类：材质/款式/同款/穿戴时间/渠道价格优势（可以重点强调）。

注意，在讲解产品的环节，还要进行产品的展示和测评，并与观众进行互动，分享使用后的感受。

在介绍完产品后，要充分引导观众下单购买，一般来说，低价是吸引观众购买的最大动力，因此可以以分发优惠券的形式来刺激观众进行消费。与此同时，为了调动观众的积极性，主播还可以通过发红包、抽奖等活动来活跃气氛，以增加下单的转化率。需要注意的是，在促单转化阶段，话术要带有紧迫感、限量感和危机感。

3. 结尾环节

在直播快要结束时，不仅要对本次的直播活动进行简单总结，还要预告下次的直播时间，也可以为下次的直播设置悬念，吸引观众们及时观看，增强直播间粉丝的黏度。

4. 后期传播环节

即使直播活动已经结束，但是后期传播同样不可忽略。团队中的运营人员可以将有利于提升品牌传播的图片、文字和视频，上传至各大媒体网络平台进行新一轮的传播，使更多未看直播的观众进行观看，从而实现直播效果的最大化。

5. 复盘总结环节

最后一个环节是复盘总结。在直播结束后，团队人员要针对本次直播活动及时进行复盘和总结。一是统计直播数据并与所定目标做比较，判定直播效果；二是和团队进行分析讨论，总结本次直播的经验教训，为后续直播积累范本。

切记，直播活动千万不要虎头蛇尾，现实中很多团队只顾前期策划，不注重后期复盘，所以后续直播效果并未改进，甚至越来越差。

需要提醒的是，后期传播和复盘总结两个环节是在直播活动结束之后进行的，但是在直播前就要做好相关的准备工作。数据的收集方法、路径应提前做好设计，如店铺流量来源、网站分销链接、后台问卷调查等都要提前设置好。提前安排相关人员做数据统计。因为某些直播平台的数据分析功能并不完善，甚至不够细致，这就需要相关的人员，对某些数据进行人工统计，以方便后续的分析。

以上是我们从各个环节对直播的流程进行的梳理，关于具体的操作流程细节，可以参照表4.1。

表4.1　直播具体操作流程示例

×××直播脚本	
直播主题	例如：×××冬季新品发布（从需求出发）
主播	例如：我是可爱多
主播介绍	品牌主理人、时尚主播、模特

续表

内容提纲（流程）	
1	前期准备（直播宣传、明确目标、人员分工、设备检查、产品梳理等）
2	开场预热（适度互动、自我介绍等）
3	品牌介绍（强调关注店铺、预约店铺）
4	直播活动介绍（直播福利、简介流程、诱导性引导）
5	产品讲解（由内到外，由宏观到微观，语言要生动）
6	产品测评（360度全方位体验，以顾客角度阐述）
7	产品性观众互动（讲解案例、分享故事、解答疑问等）
8	试用分享、全面分析讲解（保持客观、利弊分析、避免夸夸其谈）
9	抽奖活动（中间穿插用户问答）
10	活动总结（再次强调品牌、活动以及自我调性）
11	结束语（引导关注、分享，预告下次直播内容）
12	复盘（问题发现、调整脚本、改进不足）

4.1.3 第三，选择合适的直播时间

新入门的主播或商家会问：什么时间段直播好呢？直播时间需要固定吗？能不能每天想什么时候播就什么时候播呢？

其实，直播带货要做好时间规划，不同的时间段直播，不仅面对的人群不同，而且取得的效果也不一样。下面我们选取了几个时间段以供参考。

1. 6:00—10:00

这个时间段，对于大部分上班族来说，不是在早起上班的路上，就是已经进入了工作状态。但是也有一部分收入较为稳定、不需要早起上班的人，喜欢在早上刷直播。而且有数据显示，早上开直播的主播人数相对较

少，竞争力也小，因此，可以将此时间段作为圈粉的好时机。很多主播在早上开直播，反而更容易增长粉丝。

2. 12:00—14:00

这个时间段属于午饭、午休时间，看直播的人群相对稳定，也比较有利于维护观众。

3. 14:00—18:00

这个时间段，休闲和玩游戏的用户居多，相对来说，看购物直播的观众较少在线。

4. 18:00—24:00

晚上属于直播的黄金时间，观众的活跃度很高，大多数主播都会选择在这个时间段直播，尤其是一些头部主播，基本将开播时间集中在8点左右。从这方面来讲，这个时间段或许并不利于新人主播直播，如果想在这个时间段争一席之地，就必须做好前期宣传，以吸引更多观众前来观看。

5. 24:00—3:00

这个时间段的直播基本以游戏直播为主，带货的主播并不太多，但也有少数主播将直播活动维持到凌晨零点后。当然，这些都可以根据自身的情况来调整。

4.1.4 第四，做好团队分工配合

众所周知，团队协作带货效果固然更好，但现实中仍有不少主播，因为条件所限，只能单兵作战，尤其是拼多多上的一些个人卖家，其存在的问题还是很明显的。

一个直播团队至少是两个人起步，多则6个人，甚至更多，而且一个工作岗位上，也可以多安排几个人，协作的效率肯定是有所区别的。

在搭建团队时，要先做好岗位设置，然后是工作内容的设定，最后是

工作流程的梳理，下面我们将针对这些版块进行逐一讲解。

在岗位设置和工作内容上，达人主播和企业、商家略有不同，因为大多达人主播本身并不生产产品，而是需要寻找对外供应商进行合作，这就需要设置一个商务类型的岗位，负责与相关的商家对接选品工作。

企业和商家做直播带货，因为本身有产品供应链，除非为了拓展品类或与其他品牌联合直播，否则无须设置商务类型的岗位。

现实中比较完善的直播团队一般由选品团队、运营团队和主播团队三大部分构成，下面我们对各个岗位的人员和职责进行简单介绍。

1. 选品团队

选品团队的主要职责如下：

（1）负责直播间产品品类的选品、开发及产品质量的把控，完成产品信息采集。

（2）与供应商建立联系，完成前期的选品和商务谈判。

2. 运营团队

运营团队的岗位主要包括产品运营和活动运营，以及场控人员。

（1）产品运营的主要职责。

产品运营的工作基本是围绕产品构成的，如货品的组成、品类的规划、陈列的规划，以及收集整理产品信息、提炼产品卖点、对主播进行产品知识培训，等等。

（2）活动运营的主要职责。

- 策划整场直播活动。

如直播流程（时间）安排、话术安排、日常活动、上新活动、节日活动、大促活动等各种活动策划及各项活动的脚本。

- 搜集活动信息。

随时掌握官方平台发布的最新活动玩法，调研其他直播间，借鉴、吸取其有效的活动形式。

- 跟踪活动执行。

监督直播中的活动执行情况，出现问题及时调整解决。

（3）场控人员的主要职责。

- 在操作直播场控台。

其中包括上架宝贝、发放优惠券链接、发放红包链接、评论抽奖送礼、产品改价库存，等等。

- 控制整场直播节奏。

提醒主播节奏、提醒主播话术、临时数据调整、烘托直播间氛围、调动观众情绪，等等。

需要说明的是，由于人员有限，很多直播团队的场控工作，都由运营或副播（助理）兼任。

3. 主播团队

主播团队主要包括主播和副播（助理），他们的职责如下。

（1）主播的主要职责。

主播作为直播过程中的关键人物，其工作自然具有不可替代性，除了一些工作由副播（助理）协助配合，主要的直播工作还是由主播完成。如主导整场直播、熟悉产品信息、熟悉活动信息、介绍展示产品、把控直播流程，等等。

此外，主播还有可能参与其他环节的工作，配合其他岗位人员共同完成一些工作。如参与直播前的选品工作，挖掘爆品系列和组合设计，复盘直播内容等，基本整个直播活动的工作，主播都要有所了解。

（2）副播（助理）的主要职责。

副播（助理），其主要职责还是协助和配合主播工作，使直播活动能顺利进行。主要工作有：

- 协助主播直播。

例如，主播在向观众推荐服装时，同一个款式有两种颜色，如果主播试穿了一个颜色，副播（助理）则可以穿上另一个颜色，向观众们展示不同颜色的效果。如果主播在忙其他事情时，副播（助理）可以协助主播查看观众的评论，并与观众有效互动，回答观众们的疑问。

- 配合主播互动。

在介绍产品或其他活动的环节，副播（助理）可以与主播进行你来我往的互动，相比主播一个人单独讲解，两人的配合更能产生互补效果，使直播过程更流畅。另外，在抽奖等环节，副播（助理）还可以及时对观众做相关说明。

- 说明直播间规则。

协助主播讲解直播间的活动规则，例如，如何下单支付、如何领优惠券和红包以及一些注意事项等，因为这些内容需要多次说明，如果每次都由主播来解释，非常耗时耗力。而且趁副播（助理）在做规则说明时，主播可以稍做休息或查阅观众的评论，为后面的互动做准备。

需要说明的是，虽然直播间里需要完成的工作是固定的，但是具体需要安排多少工作人员，并没有办法完全确定。在人员紧张的情况下，一个主播和一个副播（助理），虽然可能会忙得筋疲力尽，但是最终效果也可能不错。

岗位和工作职责都明确后，就需要有一个清晰的工作流程，使整个团队正常运转起来，而这就涉及很多对接工作。

1. 选品团队

选品团队的工作有：

（1）与品牌商、商家确定产品详细信息和直播脚本。

（2）与主播确定直播中的活动信息。

（3）收集、分析直播数据，与团队讨论，并提出优化建议。

2. 运营团队

（1）产品运营与活动运营人员。

- 与管理层、选品人员沟通，确定直播内容及库存，并制定直播目标。
- 与主播和副播（助理）沟通直播脚本设计，设置促销活动，并在直播前策划预告内容，与助理对接分发。
- 直播后配合场控整理内容，以进行2次分发或复盘工作。

（2）场控人员。

- 在直播前，与运营对接直播间搭建需求，以及产品、内容、活动的平台操作需求。
- 提前与主播、副播（助理）沟通直播脚本。
- 遇到库存问题，及时向运营反馈。

3. 主播团队

虽然从表面上看，主播和副播（助理）的工作是在直播间内，但是事实上他们需要参与到整个直播工作的环节中，其中包括搭建直播环境、直播前的准备工作、直播后的数据复盘，另外在选品和制订营销策划时，他们也要向团队提供观众的反馈建议。

需要说明的是，由于每个直播团队的具体情况不同，具体的人员和岗位设置可根据自己的情况进行。

4.1.5　第五，设置直播脚本，避免“翻车”

在前面我们已经介绍了完整的直播流程，为了保证每一个环节的顺利进行，我们必须制订一份清晰、详细、可执行的直播脚本。

直播是一个动态的过程，其中包含场景切换、产品展示、促销活动等多个环节，而且人员配合、主播表现等因素直接影响直播效果。因此一份完善的直播脚本，不仅能方便直播前的筹备工作，也能有效促进团队人员间的配合，减少失误的发生。

概括来说，整场直播的脚本就是对时间、场景、人员、道具和产品的综合性调度。下面我们先来介绍写脚本的5个步骤。

1. 确定直播产品

直播带货的首要目的就是带货，在一场直播开始前，需要提前确定好本次直播要卖的产品。因此，还需要确定好商家、产品及各种优惠信息。一场直播不仅会推荐不同类别的产品，还会售卖不同价格区间的产品，如有些是产品是为了回馈粉丝跑量，有些产品是作为利润款重点推荐。

2. 确定直播主题

直播主题不仅在准备做直播前就要确定，还要在写脚本前进一步重申。本场直播的目的是什么？是要进行大型促销，还是要推动新品上市，抑或是回馈粉丝？

在确定直播主题时，可以多从观众的角度考虑，让观众明白自己在直播中能看到什么、得到什么，以吸引观众观看直播的兴趣。

3. 确定产品推荐顺序，尤其是重点推荐款

一场直播少则一两个小时，多则五六个小时。在直播中看似随意摆出来销售的产品，其实出场顺序都是经过精心安排的。辣椒酱与下饭菜需要排在什么位置？奶昔和代餐品又该排在什么位置？其实里面大有讲究。正如推荐完衣服会紧接着推荐鞋、配饰，卖了马桶就会卖其他卫生产品，都是为了刺激消费。然而，卖了代餐品就不能卖面条，否则两个产品就会产生冲突，影响整体销售额。

4. 确定产品的使用场景、卖点

确定完产品的出场顺序后，还要确定每个产品的使用场景和卖点。例如，推荐的口红适用于什么场景，这支口红的卖点又是什么？像某美妆主播在推荐口红时就会说，“这款口红春夏很适用，素颜用起来也很美”，而在卖点上，除了说颜色好看，还可以从包装、质感、香味、持妆度方面寻找卖点。

5. **确定具体内容**

确定好直播的产品、主题、产品推荐顺序、产品使用场景和卖点后，还要针对直播的每一个环节设定具体内容。如开场的话术是什么？互动时该写什么脚本？具体每一个产品的信息又是怎样？

例如，为了避免主播在介绍产品时手忙脚乱、混淆不清，可以表格的形式，将每个单品的卖点和优惠活动清楚地写下来，从而更清晰地将产品的特色和优势展现给粉丝。以表4.2为例。

表4.2　单品卖点和优惠活动统计

产品名称	产品图片	产品卖点	日常价	直播活动价	促销信息
森宿宽松卫衣连帽女春装新款印花袖绳韩版潮流衫外套	（略）	1.基础印花卫衣，袖口处红色印花使整件卫衣朝气蓬勃 2.卫衣是宽松型的，可以遮住过年时囤的“肉肉”	449元	78.575元	2件2折+满400元减50元
【大力水手联名】初语2020年春装新款刺绣宽松圆领套头灰色卫衣	（略）	大力水手IP联名款 小图案设计，基础又个性	479元	83.835元	2件2折+满400元减50元

在撰写直播脚本时，还要从以下三个方面注意。

1. **最好细化到分钟（能详细尽量详细）**

准备脚本其实也是梳理流程、把控节奏的过程，一份合格的直播脚本应该细化到每分钟。例如，在7:30开播，那就要写明在7:30—7:40进行预热、自我介绍、和观众打招呼等，不同时间段的直播脚本可参见表4.3。

表4.3　不同时间段的直播脚本

时间段	要　点
第0~1分钟	进入直播状态，先和观众打招呼，进行自我介绍，拉近和观众的距离
第1~5分钟	近景直播，一边和观众互动，一边从产品品牌、口碑、销量、价格等方面，渲染本场直播的氛围，以吸引观众的眼球，激起他们的好奇心
第5~10分钟	宣布本场直播的福利活动，如抽奖、发红包或秒杀，以活跃直播间气氛，增加人气。另外，还可以定一个分享榜的奖励规则，激发观众的转发，给直播带来更多新流量
第10~20分钟	剧透本场直播产品，将本场直播推荐的产品走马观花地介绍一遍，不用太执着于细节，副播（助理）要配合做好相关产品的展示，同时主推款可以多次重点介绍。在这个过程中不用急于关注粉丝的评论，后面会有详细介绍
第20~135分钟	正式进入产品推荐环节，主播需要对带货的产品逐一进行介绍，每个产品的介绍时间维持在5分钟左右
第135~195分钟（最后一个小时）	对本场直播中呼声较高的产品做返场演绎
第195~225分钟（最后半小时）	完整介绍爆款产品的购买路径，向观众讲解领取优惠券下单的方法
第225~235分钟（最后10分钟）	主播预告下场直播的时间、产品，并在直播间歇回答观众对直播间产品提出的问题
第235~240分钟（最后5分钟）	引导观众关注主播，预告下期直播时间和直播福利

在产品介绍环节，每个产品的介绍时长、活动环节要达到的点赞数、截图抢红包的方法，等等，所有涉及的内容，都要在脚本中细化出来。

2. 做好调度、指导工作

在脚本中应对参与人员的动作、行为、话术做出指导，如主播需要引导观众、讲解产品和解释活动规则等。副播（助理）负责现场互动、问题回复、发放优惠信息等。后台客服人员需要承担修改产品价格、转化订单等工作。

3. 引导直播互动

为了吸引用户停留，在脚本中要注意引导互动，增加趣味性，制造直播高潮。

4. 准备突发预案

在制订完一份清晰、详细、可执行的直播脚本后，最好还要准备一份针对突发情况的预案，这样才能保证直播顺畅完成并取得最佳效果。需要注意的是，因为直播的执行还是要看现场情况，所以并不需要完全依照脚本来做。

根据实际情况，不同的直播团队可能有不同的脚本模板，只要适合自己的团队即可。具体直播脚本可参照表4.4和表4.5。

表4.4　1688直播脚本

主播主题	运动户外 秋冬新品
主播	汪小涵（汪汪）
主播介绍	穿搭达人–设计师
内容提纲	
1	汪汪自我介绍
2	面料讲解
3	产品介绍
4	提供采购方式
5	直播总结

直播流程

序号	时长（分钟）	主要内容
1	2	a.主播汪汪自我介绍
	5	b.5分钟面料知识讲解（涤氨/阳离子涤氨/尼氨/平纹梭织布）

续表

直播流程		
序号	时长（分钟）	主要内容
1	50	c.40分钟介绍18个新款，期间插入流行趋势、款式特性和穿搭技巧等总长50分钟（包括模特穿搭）
2		产品展示-型号：LWQ-0319长裤；颜色：蓝色；成分：87%聚酯纤维13%氨纶，吸湿排汗、除菌防臭，加了氨纶后更有弹性 克重：280克；特点：腰间留布受力面积大、三角档，立体裁剪修饰臀部
3		产品展示-型号：LWQ-0142卫衣；颜色：红色；成分：鱼鳞布、65%聚酯纤维30%棉5%氨纶，亲肤柔软舒适耐穿 克重：230克；特点：及肚脐短装，连帽扣设计，人字织带体现高端质感
4		
5		
……		以上17种款式介绍
19	5	d.最后阐述一下我们在阿里平台的几个店铺，合作的商家以及进货方式，关注采源宝可以一件代发，另外通过直播下单后同客服沟通或者下单备注“直播”可享受首单包邮优惠
20		直播结束

表4.5　XXX直播脚本

直播时间	日期	
	开始时间	
	直播时长	

续表

主题与标题	直播主题					
	直播标题					
	活动目的					
效果与成本	目标效果	场观	销售额	增粉	观看时长	
	成本预估	抽奖奖品、秒杀、折扣、满减、优惠、免单等				
活动	店铺活动	与运营沟通后罗列清楚，确保主播知晓活动				
	直播活动	与运营沟通后罗列清楚，确保主播知晓活动				
	片段	**时间**	**内容**	**细节说明**	**技巧**	**团队配合**
	预热开场	5分钟	开场话术、欢迎话术、暖场话术	1.与粉丝互动； 2.品牌背书（如有），增强信任	1.打招呼喊出ID； 2.对老粉表示感谢； 3.讲品牌/店铺不要啰唆，讲重点	中泰关注小卡、抽奖等
	直播主体时长	5~8分钟	预热剧透（活动宣讲）	1.当天活动/福利/抽奖规则介绍； 2.剧透当场直播的福利款/种草款/爆款	1.根据直播间人数选择预热时间长短； 2.强调福利款/爆款/种草款的利益点； 3.和以往中奖粉丝互动（如有），证明活动的真实性； 4.有技巧地穿插种草款	客服售后处理
		15分钟	产品介绍	1.热卖款、主推款这个环节要有露出； 2.依次介绍产品； 3.根据直播间氛围进行秒杀（福利款推出）	1.快速推出几款产品，突出热卖款和主推款的力度； 2.引导粉丝关注、点赞、留言； 3.热卖款和主推款受众要广（80%主讲）； 4.掌握好过款节奏，不要让粉丝长久等待； 5.话术引导粉丝抽奖、参与活动； 6.要雨露均沾，评论区要及时回复	中控台宝贝讲解录制、弹券、抽奖、回复等

续表

直播流程		3~5分钟	活动（抽奖/秒杀）	1.抽奖细节解读； 2.每次抽奖主题、目的要明确； 3.和评论区粉丝互动解答，和中奖粉丝互动抽奖	1.抽奖倒计时氛围； 2.预热下一次抽奖时间和奖品； 3.引导关注	回复、抽奖配合
		15分钟	产品介绍	1.循环介绍产品； 2.回答粉丝问题，重点讲解咨询款； 3.引导成交、关注、点赞、评论	1.产品顺序可根据价格交叉变换； 2.话术引导成交、弹券刺激成交； 3.关注、点赞、评论引导	弹券、产品讲解录制
		3~5分钟	活动（抽奖/秒杀）	1.抽奖细节解读； 2.每次抽奖的主题、目的要明确； 3.和评论区互动解答，和中奖粉丝互动抽奖	1.抽奖倒计时氛围； 2.预热下一次抽奖时间和奖品； 3.引导关注	回复、抽奖配合
		15分钟	产品介绍	1.循环介绍产品； 2.回答粉丝问题，重点讲解咨询款； 3.引导成交、关注、点赞、评论	1.产品顺序可根据价格交叉变换； 2.话术引导成交、弹刺激成交； 3.关注、点赞、评论引导	弹券、宝贝讲解录制
			活动与产品介绍循环进行			
	结尾部分	5~10分钟	预告话术、结束话术	1.预告下一场直播时间； 2.预告下一场直播的活动/抽奖/利益点； 3.预告下一场直播的产品（种草款、福利款）	1.提前策划好一场活动； 2.结合利益点引导关注； 3.中控台配合打出下一场直播时间	内容打出配合
相关资料	素材准备	预告封面图、营销贴片、奖品等				

另外，脚本是需要不断优化的，在执行过程中如果发现哪个环节问题较多或需要改进，则可以不断调整脚本，随着经验的不断积累，就会对制订直播脚本的策略和方法越来越熟悉，自然直播活动也会完成得更加完美。

4.2 预热宣传——吸引粉丝，引发全网裂变

在全媒体时代，直播预热已成为直播活动中的重要一环。由于平台渠道多样、触发方式不同，产生的效果也会有所区别。因此，在直播预热活动前，不仅要提前确定好预热时间，还要确定好预热形式、准备好预热方案以及配备好预热渠道，不同触发方式的示例及特点如表4.6所示。

表4.6 不同触发方式的示例及特点

触发方式		示　例	特　点
外部触发	付费型触发	广告、产品ASO（应用商店搜索优化）	成本高，见效快，不可长期依赖
	回馈型触发	公关、微博热搜、推文	精细化，耗时间，容易昙花一现
	人际型触发	微信、QQ群裂变	病毒式增长，低成本，长期稳定
	自主型触发	每日消息、打卡	互动性弱，易被忽略，成本低
内部触发		情绪（高兴、悲伤）、思想	形成难度大，重复性强，关联性密切

4.2.1 预热的目的是什么，有哪些常犯错误

1. 直播预热的三大目的

为了最大化地吸引粉丝，在正式开启直播前，一定要为直播做好造势，让其达到一定的热度。做好预热活动，主要有三大目的。

（1）提前告知观众，传递直播信息。

预热的目的就是告知观众，直播间在什么时间上线什么活动、有什么优惠等，以最大化地吸引观众兴趣，激发观众的参与热情。例如，罗永浩的抖音账号曾发布了一条关于直播产品的预告，文案为“10月9日晚7点，我将在直播间和@海澜之家一起带来超全能的黑科技夹克，最高立减224元！”提前向观众传播了直播的产品信息。

将直播信息准确及时地告知目标人群，是直播活动能成功举办的先行条件。

（2）根据能否引来爆点，预估直播效果。

除了向观众告知基本信息，还可以在预告中添加各种有噱头的元素，以勾起观众的兴趣，如果能获得观众的认同，引起他们的炫耀心理，只要有两次分享传播，就会带来爆炸性的曝光。

预热活动可以让提前挖掘的爆点成为传播的话题。以杜蕾斯某场活动为例，在直播活动准备前期，杜蕾斯连续放出脑洞大开的预热海报，吊足了受众的胃口，而让人浮想联翩的图文，也都成为人们热议的焦点，为正式开播完美助力。

预热的效果能直接反映直播的受欢迎程度，因此，针对预热的结果做相应的评估和分析，可以预测观众的参与规模，并及时做好相关产品的备货。

（3）营造直播前的火热氛围。

不仅可以在直播现场营造氛围，在直播活动前期也可以制造火热的氛围。因为人有好奇和从众心理，如果有些人在关注、讨论、分享、参与某个事件，就会引起更多人想去围观，参与话题事件的讨论。另外，还可以利用倒计时、秒杀、数据来制造紧张、刺激的氛围，尽可能地刺激观众的参与热情。

在直播预热活动早期，可以先让内部的同事、身边的人转发宣传，或者利用其他小优惠来扩大活动曝光量，营造一种务必参与的气氛。

2. 直播预热常犯的两个错误

直播前没有完整的计划，是直播效果欠佳的重要原因之一。而直播预热也是经常被忽视的工作，直播预热常犯的两个错误是做得不彻底和做得不走心。

（1）做得不彻底。

直播间的流量主要有三个来源，主播的粉丝、平台的推荐、各大社交平台的流量。由于短时间内主播的粉丝相对稳定，且比较容易触达，可发挥的空间比较小，而平台的推荐又是基于一定的算法，商家不能完全把控，因此各大社交平台，就成为直播间流量的重要推广渠道，商家必须引起重视。

在直播预热环节，关键把握三点：

第一，预热时间要充足，最好一周前就开始准备。

一般在开播前一周左右，主播会在自有平台和其他平台进行预告。

在短视频平台上，主播会提前一两天，发布直播时间和直播主题，这样既能提前了解粉丝们的热情程度和产品需求，还能通知粉丝和吸引潜在观众，来观看直播。

除了自有平台，主播会提前1~3天，在微信、微博、官网等网络平台进行预告，有了粉丝们的互动和支持，直播的热度会更高。

第二，最好覆盖全渠道，如利用微信公众号、朋友圈、社群、微博、短视频平台、小红书、线下门店等进行直播预热。

第三，宣传方式要多样，挖掘爆点多角度。如利用海报、短视频、H5、推文等多种形式开展直播预热，从多种角度挖掘观众购买需求。

（2）做得不走心。

有些商家要么直接在平台上写个公众号文章，告诉大家什么时候有一场什么主题的直播；要么只做个简单的海报，直接告诉大家直播时间。要知道，这样是远远不够的。一个好的主题，能让观众印象深刻，引发传播讨论，最终达到吸引观众观看直播的效果。

以罗永浩的预热海报为例，全网首秀直接说“不赚钱，交个朋友”，海报一经发布，全网刷屏；“618”定的直播主题是“千万级粉丝补贴，1000个半价iPhone；6月2日银联疯狂补贴，给出历史最低价”。每次的直播主题都既简洁，又有噱头。

4.2.2 海报预热——全渠道通用

针对直播预热，目前我们常用的宣传形式有海报、推文和短视频、H5、短文案等。

海报是宣传最常用的形式。海报一般图文并茂、关键信息醒目、成本低、耗时短，且适用于微信、微博、朋友圈等多种网络社交平台。

海报具有以下特点：

1. 用词简练夸张、冲击力强

由于海报只能承载简单的图文信息，因此尽量选用简练夸张、冲击力强的词语，让人们一眼就能被吸引。如在形容主播时会用“超人气、千万粉丝大咖”，在介绍优惠信息时会说“超低价、低至3折”，等等。

2. 风格与主播或直播主题调性一致

海报风格尽量与主播或直播主题格调一致。美妆、服装类的主播，可以用暖色调的风格营造青春活泼的氛围；知识性的大咖，可以用蓝黑甚至偏紫的色调突出其专业性。例如，罗永浩多用红色为底色配上醒目的文字。试想如果一个互联网大咖的直播海报，搭配的是粉嫩的少女风格，那么看起来岂不滑稽可笑。

3. 涵盖直播基本信息，突出关键信息

海报虽然页面简单，但是基本信息，如主播、开播时间、直播平台等不能少，还应将本期的主题、卖点，甚至是主推产品等关键信息展现出来。

4. 提供进入直播间方式

注意，一定不要忘记提供进入直播间的方式！无论是抖音、快手还是淘宝直播，留下相应进入直播间的方式即可。

另外，在微博、朋友圈或短视频平台个人简介的地方，还可以短文案的形式进行预热宣传，由于短文案文字表达有限，因此，用冲击力强的文字展现粉丝感兴趣的重点信息即可。

4.2.3 短视频预热——渲染预热气氛

由于目前的主播或商家都是全渠道运营，即使是淘宝直播上的“一姐”“一哥”，他们仍旧会在抖音、快手上发布短视频内容，而且一场直播也可以在多个平台同时进行。因此，选用短视频平台做预告并不稀奇，尤其是本身靠短视频起家的主播，更要重视短视频预告。

短视频预告应注意以下两点：

1. 内容要有趣，预告插入要巧妙

为了扩大预热的影响力，主播还会专门拍摄预告视频，如罗永浩的账号上曾发布了一条短视频，在狂风暴雪中，罗永浩依旧大步向前走，这时一个女人上来问：“为什么你能在风雪中走出如此六亲不认的步伐？是因为你的心中一直燃烧着一把火吗？”接着又有一个裹着被子的男人上来问：“罗老师，钢铁般的意志是让你坚持走下去的动力吗？”后来又有一个披着大衣的男人走来问“你为什么能一直向前走呢，你不怕冷吗？是因为心中有爱吗？”罗永浩转身说：“我这个海澜之家的夹克，是电加热的。”接着直接给出预告信息：“10月9日，交个朋友直播间温暖上架”。

短视频平台本身以内容取胜，在拍摄预热短视频时，最好结合有趣的剧情，将预热信息悄无声息地插入其中，或者在剧情结束后直接点明直播信息。如果短视频质量较高，还能获得更大的流量推荐，这样就能触达更多的用户。

2. 不要忘记在文案中附带预告信息

发布短视频时，在添加的文案中还可以附带上预告的时间和主题信息，也可以直接写明预告信息，总之，不要放过任何一个宣传机会。

4.2.4 推文预热——详细展示产品

这里的直播预热推文，是用于推广直播的长文章。与短文案直接展示关键信息和卖点不同，推文可以详细介绍直播的各项信息，尤其是直播中的产品，可以一一对它们进行图文介绍。

推文一般可发布在微信公众号上，因为微信公众号基于微信生态圈，熟人社交，在传播上更为迅速、精准。另外，推文同样可以在今日头条、百家号、豆瓣等平台上宣传。

一篇好的推文应具备以下特点：

1. 吸引人的标题和头图

一篇好的推文，一定有个吸引人的标题，即将粉丝感兴趣的、对粉丝有利的或比较关键的信息融合在标题里。如某主播的直播预告推文标题：“今晚×××（某明星名字）来咯！还有椰子水、蕉内保暖套装、完美日记、补水喷雾……超多折扣单品等你来！”某主播微信公众号的直播预告推文标题：“全球首发！今晚6:30来我的直播间，超多上海时装周设计师联名款，等你来抢！”罗永浩直播预告推文标题：“今晚7:00罗永浩抖音直播带货清单来了！抽送《这就是街舞》决赛门票＆100位免单！”

这些标题是将粉丝感兴趣的，如“今晚×××（某明星名字）来咯”，对粉丝有利的“抽送《这就是街舞》决赛门票＆100位免单”和关键信息如直播时间、直播间产品清单等内容，直接传达给粉丝。

另外，由于推文多在微信公众号上发布，一般发送时还需要准备一张合适的宣传图，这张图既可以是主播、明星或关键产品的展示，也可以是各项重要元素的融合，只要风格和主题搭配且能清楚传达信息即可。如果想让一些信息更醒目，还可以将相应的文字，如开播时间、售卖产品及优惠信息直接加在图上。

2. 包含关键信息

在推文的开头应直接点明主题，将主播、邀请嘉宾、开播时间及产品重点信息，开门见山地传达给粉丝，让粉丝对此次直播活动有个直观的了解。

如在罗永浩的微信公众号上，2021年6月19日发布的推文开头直接点明主题：下午5点罗永浩抖音直播带货清单来了！惊喜福袋！爆款好物！（送出3台最新款iPad Pro！30瓶五粮液！30瓶资生堂红腰子精华！）

3. 清晰的产品信息

介绍产品信息是推文的主体内容，一般占有较大的篇幅。有以下2点需要注意：

（1）产品信息要简练美观。

产品信息，一般包括产品图、卖点、优惠力度等内容。需要注意的是，产品图要清晰美观，提炼的卖点要简洁有力，优惠力度要一目了然。

（2）选取重点产品进行介绍。

一场直播涉及的产品种类较多，但文章版面有限，并不能对所有产品进行一一介绍，因此，应尽量挑选人们感兴趣的、优惠力度大的产品来展示。

4. 结尾附带入口信息

注意，一般在预热推文的最后，并不会推荐完产品直接结尾，而是会附带各种宣传信息。总的来看，主要有以下几种。

（1）预热海报，进一步加强宣传。

（2）进入直播间方式，进一步为直播间增粉。

（3）社群二维码，积累私域流量，进一步实现后期转化。

4.2.5 H5预热——迅速传播发酵

H5，一般集视频、音乐、文案、海报于一体，生动有趣，互动性强，非常受大家的喜欢。

华为曾为了推广一款手机，特意利用H5嵌入创意视频的形式，以“老佛爷圆明园直播”为主题，融入穿越、搞笑等元素、并配上说唱，十分有趣。

通俗来说，II5可以嵌入微信等成熟平台，困其交互式的设计，能将视频、文案、音乐、图片等多种表现形式融合在一起。

H5虽然看似简单，但是很多细节应用了当下的先进技术。如AI人脸识别、重力感应、环境感应、触控点击、滑动点击等，与整体的H5设计相配，能给人一种互补的视觉体验。

H5的多元互动功能强大，轻易将音乐、图文融入其中，更强大的是有视觉上的快闪、一镜到底、趣味性的模拟微信和人脸融合游戏等，也适用于答题测试游戏和投票评选活动，而对于带货主播和商家来说，最实用的当然是拼团、抽奖、红包、助力和砍价功能。

相比传统的广告宣传，H5简单省事、成本低，覆盖用户更精准，而且能依托于微信平台，在短时间内发酵传播，在灵活性上有着大大的优势。因为H5能将海报、视频、音乐等形式融入其中，所以在做预热活动时，遵循的原则基本同海报、视频相同。

4.2.6 预热内容，怎么写才吸引人

每个文案高手都深谙用户心理，能站在用户的角度考虑问题。在写直播预热的内容时，要多为用户着想，只有从他们的角度出发，才能有效吸引他们观看直播。

从产品到用户，文案一般要遵循如图4.2所示的四个层次。

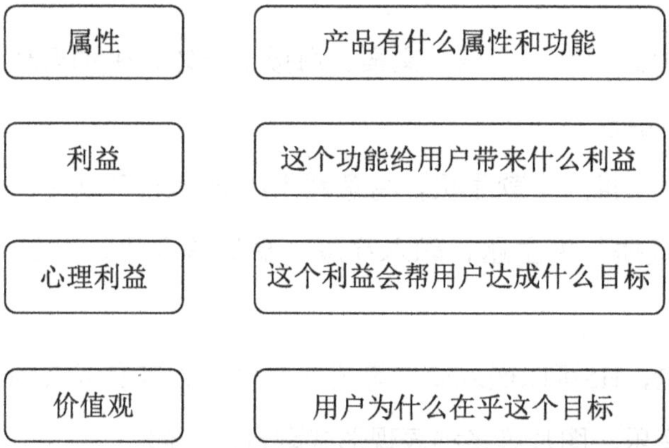

图4.2 文案层次

例如，我们在推荐一款车时，针对不同用户，所用的文案就会有所不同。

（1）女性用户。

- 属性：这是一款可以远程启动的车。
- 利益：提前开车空调可预冷或预热。
- 心理利益：少出汗无异味，不用补妆。
- 价值观：用科技为更好的自己服务。

（2）“土豪”用户。

- 属性：这是一款可以远程启动的车。
- 利益：手机控车更高大上。

- 心理利益：我有他们没有的。
- 价值观：同样的东西我要更独特。

除了要考虑用户的心理，还要熟悉以下八大技巧。

1. 主题展示

在直播预热中，最需要向观众展示的就是直播主题，即直播的时间、平台和主要内容。这个部分一定要让观众一目了然，否则宣传了半天，用户却不知道什么时间、在哪里观看，一切工作都成了无用功。

2. 呈现亮点

如果直播预告的文案只是单纯作为一个通知，并不会吸引观众进入直播间。因此，在设计预告文案时，一定要将亮点展现出来，例如，产品的卖点、优惠力度，甚至邀请明星现身直播间或设置其他福利活动，都可以一一列出来，让观众能一眼就了解。

3. 设置悬念

在预告中，还可以设置悬念，勾起观众的好奇心。例如，罗永浩在直播首秀预告中，就利用了这个技巧，给观众留下了足够的想象空间，并让观众拥有观看的冲动。

如果不是全网最____，怎么会让上千万人，挤在一个屋子里买东西？

如果没有大量地发____，怎么会让路人也兴奋得大呼小叫？

倒计时1天，如果不是全程都____，怎么会让不买东西的人也舍不得离开？

大家也可以利用这种方法，来设计自己的直播预告文案，让观众更有观看直播的冲动。

4. 搭建场景

为了加强代入感，更能引起观众的兴趣和共鸣，在设计文案时，可以围绕大家熟悉的话题构建场景，让观众通过文字与自身的实际情况相链接，更好地融入直播。

例如，一条会发热的围巾，给你暖暖的冬天……

假日出游必备，工作压力大想要出游解压……

5. 传递价值

直播电商区别于传统卖货，人们是在获取娱乐或知识等价值的同时，顺便把东西也买了。因此在直播预告中，可以瞄准用户的痛点，向他们展示直播价值。例如，成功减肥的小秘诀、日常护肤要避免的“坑”……

通过这些文案，可以让观众了解直播的信息，让他们觉得这场直播是值得一看的。

6. 列产品清单

在直播预告中还可以直接列出重点的产品清单，如果观众对其中的产品感兴趣，就会进入直播间。

需要注意的是，列出的产品要有足够的吸引力或足够大的优惠力度，才能引起观众的兴趣。

7. 借势+蹭热点

在品牌或达人的直播预告中，经常会见到借势明星营销的文案。

例如，护肤品牌攸妍官宣，创始人邀请某位演员做客直播间；淘宝头部主播邀请明星在直播间一起卖货，借势明星的知名度吸引观众参与。

除了借势，我们还可以利用蹭热点来增加预告的曝光量。虽然一般直播间请不到明星，但是热点可以蹭。如果接下来的直播活动，正好赶上了某个热点话题或节假日，不妨利用热点话题来做宣传，以吸引观众进入直播间。

8. 利用数字

数字也是常用的文案写作手法，数字既简练直观，能起到很好的宣传效果。例如，某主播的预热文案中直接写道：“50+爆款零食等你来！”可以让粉丝一目了然，更容易被吸引。

4.2.7 预热推广有哪些渠道

直播活动开始前必须要有预热推广，预热活动能增强观众的记忆，让观众通过预热活动入口直接预约活动，活动开始后，还能提醒粉丝前来观看。选择预热活动的渠道，最好是全网覆盖，形式可以多种。

那么一般直播预热会通过哪些渠道呢？

1. 直播平台的自家账号

在直播平台上利用自家的账号，直接发布预热信息，是我们最常见的宣传方式。

（1）在个人简介处写明直播预告信息。

很多主播，尤其是直播时间比较规律的主播，会在个人简介的地方直接写明直播时间和主题，如“潮爸刘教授”的个人简介处直接写明：直播时间：每周一至周四20:50。10月25日美妆专场直播，欢迎收看；每周三20:00直播间不见不散。

（2）在日常发布的短视频文案中插入直播预告信息。

需要提醒的是，这里的短视频不一定是拍摄预告内容的短视频，日常发布的短视频就可以。如“A哥很A”的账号在发布的短视频中，除了@东北大白，还在括号中注明（9月23日13:00珀莱雅直播）。

（3）发布专门拍摄的预告短视频。

这种拍摄短视频做预告的形式，一般不会上来就直接预告直播内容，而是通过有趣的内容将预告插入其中，短视频广告情节丰富、内容有趣，容易获得粉丝的喜欢，一般来说传播也比较广，但是相对成本比较高。

2. 利用自家的App、官方网站

在自家的App或官网上，可以将制作好的“banner”图放在比较显眼的地方；在专题处或网页的其他地方，还能插入活动的相关链接。

因为App和官网属于自有渠道，为了保证活动预热在最佳位置展示，可以根据自己的需求安排“banner”的形式和位置，另外，其实这也是一种将外面的流量带入App和官网的方式。

（1）自家的微信公众号、微博。

一般主播或商家都有自己的微信公众号和微博，这两者传播的时效性强，覆盖的粉丝较广，且操作简单快速，是做预热的上选渠道。

- 微信公众号

微信公众号主要以推送图文的形式展现，在微信公众号中，我们既可以以产品清单的形式全面介绍直播的产品，也可以将海报插入文中，总之微信公众号没有字数限制，且能融合多种形式，可以更加详细地介绍直播内容。

- 微博

微博有一定的字数限制，常见的方式是以短文案、通知文字和海报为主。由于微博内容具有短、平、快的特点，因此，我们上的预告信息一定要内容精炼、信息关键，如果时机较好的话，还可以适当蹭一下最近的热点，增加曝光度。

（2）微信群、QQ群。

一般主播或商家建立的微信群、QQ群，都是自己的粉丝群，群内成员都是精准的目标用户，忠诚度和活跃度都很高，更容易对主播或商家的活动感兴趣。因此，可以将编写的文案和预热海报及时在群内分享，并可以用发红包、抽奖等形式刺激粉丝参加和在朋友圈分享转发。

（3）朋友圈。

目前为了构建自家的私域流量，主播或商家都会将粉丝吸引到个人微信号上，因此，可以将直播预告直接发在朋友圈里，提醒粉丝们及时观看直播，抢购自己喜欢的产品。需要说明的是，朋友圈文案一定要突出产品优势和优惠力度，发文的同时还可以配上预热海报，让粉丝更直观地感受直播信息。

3. 外部大众平台

（1）微博、微信“大V”付费推广。

“大V”粉丝基数大、号召力强，传播效果十分显著。因此，可以借助“大V”来协助推广。

需要注意的是：

- 每个“大V”擅长的领域不同，要找和自己的活动契合度较高的。
- 每个“大V”价位不同，粉丝越多，影响越广，价格越高。
- 转发和原创价格相差悬殊，最好是自己提前备好内容，让“大V”直接转发即可。

（2）合作互推及友情链接。

在找外部合作时，还可以利用资源互换的方式，利用微信公众号、微博相互推送内容，借助他人的平台来宣传自己的活动。需要注意的是，互推的平台一定要和自己的宣传内容及粉丝群体比较一致。

（3）活动发布平台。

另外，还有一些专门发布活动的平台，在上面可以直接将详细信息展示出来，尤其是有线下活动的直播，可以尝试在上面发布。例如，活动行、活动网、爱活动、互动吧、活动家、会鸽等网站。

（4）自媒体平台及各大论坛社区。

这类平台基本都是免费的，完成注册后即可发布内容。主要平台有今日头条、一点资讯、百度百家、简书、天涯论坛、百度贴吧、知乎、豆瓣。

（5）垂直门户网站付费推广。

如果想使预热宣传的效果实现最大化，还可以找一些专业的微信公众号或网站付费推广，一般可以合作的渠道有：

行业性网站：36氪、i黑马、艾瑞网、虎嗅网等。

地方性网站：深圳万城网、城市中国地方门户联盟、青岛人网、广西桂人网等。

综合性门户网站：新浪、网易、搜狐、腾讯、百度、新华网、人民网、凤凰网等。

选择恰当的预热渠道很重要，合适的预热渠道不仅能带来很好的曝光，还能避免资源的浪费，因此，尽量利用多个预热渠道推广预热活动，也是一种必要。

4.3 做好直播设置，吸引观众进入

做好前期准备后，就要正式开始直播了。在直播前，需要上传封面、标题和内容简介。

要知道，直播间的流量逻辑和单品流量是一个道理，都是流量=展现×点击率，也就是说，流量由展现和点击率决定，那么有了展现，能决定点击率的是什么呢？其中一个是直播间的封面图，另一个是本次直播的标题。

4.3.1 注重直播封面，提升点击率

无论是淘宝、抖音还是快手，每个直播平台都需要上传直播封面。封面相当于直播的门面，只有看起来舒服美观的直播封面，才能勾起人们进入直播间的欲望。2020年5月，淘宝直播官方发布了封面图曝光点击率的改版，更让商家和主播们开始重视直播封面的制作。

那在制作直播封面时，有什么需要注意的呢？

（1）尺寸要合适。例如，淘宝直播的封面图有两个，一个用于频道内的展示，尺寸建议使用750×750,最小不要低于500×500。另一个则是手机淘宝首页的长方形展示图，这个图要求长宽比例为16:9。

（2）封面内容要与标题一致。例如，你直播的是杧果，那么封面内容就要放杧果，而不是放香蕉；你直播的内容是老年人用品，而封面图中出现婴儿就明显不合适。

（3）封面图要干净，不要在图上添加文字、表情包符号等，否则封面图会变得杂乱无章。

（4）封面图要精修、高清，最好不要出现像素低、画质模糊的情况。

（5）封面图色彩要鲜亮、元素能体现直播内容，杜绝使用色彩昏暗、乱添加元素的封面。

（6）封面不要滥用网红或明星的照片，除非他们真人出现在直播间里，否则会被举报侵权。同时，封面上的人物着装也不能太暴露，否则会被判为违规。

（7）尽量不要使用白色背景，这样会导致画面不够突出；也不要使用合成图，否则拼得不好会影响视觉效果。

（8）不同场次的直播要用不同的封面图，如果所有直播都用同一张或类似的图片，会让买家误以为所有的直播内容都是相同的，导致点击率的降低。

4.3.2 起个好标题，引发观众观看兴趣

作为标题，最大的作用就是吸引观众进来看直播，进来的人越多，可能产品就卖得越多。因此，我们要做的是，仅用两秒钟的时间就让观众感兴趣，那怎样的标题能有这样的作用呢？

一个好标题的标准，一是能准确定位直播的内容，二是能吸引观众的观看兴趣。下面我们总结了一下常用的标题形式。

1. 三个原则

（1）注意字数限制。不管哪个平台，标题都是有字数要求的，最好控

制在5~15个字，用一句话概括直播的核心内容。

（2）尽量从观众感兴趣的角度入手。例如，有明星加入，也可以将产品亮点融入标题之中，激起观众的好奇心。但需要注意的是，在标题中不要出现任何利益折扣，如秒杀、清仓、八折优惠等。

（3）标题要和封面内容一致。千万不要标题写的是“胖美眉穿搭”，但邀请的模特都是瘦高美女。

2. 六个技巧

（1）节日/季节+消费人群+产品。

这种标题以节日或季节开头，带有一种促销、做活动的意味，而且又面向特定的消费人群，如“开学季学生必备文具包”“夏日小个子少女魅力穿搭”，文字简洁不啰唆，戳中目标群体痛点，让观众觉得与内容有关，有代入感。

（2）产品+利益引导。

这种方法需要先列出产品，再提炼卖点，用产品带来的好处来吸引相关人群。如“千种花茶喝出好气色、好身材”，花茶即产品，好气色、好身材即利益，这种方式既点名了产品，又说明了好处，很容易吸引观众关注。另外，这个组合还可以变为节日/季节+产品+利益引导，如“秋季美妆打造女神范儿”。

（3）明星/网红/专家效应+产品。

某明星做客直播间，某专家推荐，这种标题就是巧妙利用了人们依赖权威的心理，基于对明星/专家的信任，对相应的产品也会感兴趣，进而点击进入直播间。如标题为“崔玉涛育儿知识讲堂之辅食篇”，这种标题既能让观众了解具体产品，又突出专家吸引了观众。

（4）消费人群+产品+使用场景。

这种标题因为指出了消费人群，所以可以筛选出相对精准的观众进入直播间，如“吃货放毒之美味香酥鸭休闲零食”，既指出了消费人群“吃货”，又点名了产品“香酥鸭”，还加上了使用场景“休闲零食”，这种标题切入工作生活场景，刺激了观众的食欲，能激发观众观看直播的兴趣。如果标题为“吃是头等大事”，就显得太随意了，也看不出直播目的。

（5）纯利益诱导。

人们都有占便宜的心理，在起标题时也可以利用这点吸引观众。如标题“买大闸蟹送精致餐具”，感兴趣的人群就会被吸引。

（6）蹭热点。

在起标题时还可以结合热点事件，例如，最近发生的热点新闻、流行的电视剧/电影等，可以将大家感兴趣的热点话题融入标题之中，然后将流量吸引到直播间。如在热门电视剧《三十而已》中，主角顾佳和钟晓芹的穿搭十分受欢迎，如果你是穿搭方面的主播，则可以起标题为“三十而已|跟钟晓芹学文艺穿搭”。

4.3.3 提前准备，高效通过审核

1. 内容简介

直播的内容简介比较好写，一般是直播内容的关键信息提炼，也可以是标题的详细版。具体构成版块如下。

（1）主播信息。

在内容简介中，可以先简单介绍一下主播的信息，例如，主播曾经取得过什么成就、主播是什么风格、擅长什么等。

（2）产品及卖点。

介绍完主播，就要介绍直播间涉及的关键产品了，尤其是产品的卖点、带来的好处可以强调一下。

（3）福利优惠。

此外，还要讲一下本场直播活动有什么福利优惠，如发放优惠券，点赞到某个数值发红包、抽奖等。

2. 注意事项

（1）提前发布直播预告。

在正式直播前，淘宝直播需要提前发布直播预告，等待官方的审核。

直播预告最好在下午4:30前发布，预审会一一审核直播标题、内容简介和封面，只有符合平台的直播要求，才能审核通过。

（2）开启同城定位。

直播时，记得开启同城定位，这样可以吸引更多同城粉丝进入直播间。

（3）重视直播的前10分钟。

正式直播的前10分钟至关重要，它直接关乎你的直播间流量是否能达到最高值。如淘宝直播，在前10分钟会有店小二进直播间考察，如果店小二觉得主播讲解生动、直播间氛围很好，就会将你的直播投放到一些公域流量，引来更多的观众加入直播间。

（4）敏感问题不要碰。

主播在直播过程中，不要口吐脏话，不要做触犯法律的事情，不要谈论政治性敏感问题。

4.4 环境、硬件、氛围，做好直播筹备

若想使整场直播有更高的可看性，就要提前做好直播间的布置工作。一个气氛融洽、环境良好的直播间，能够帮助主播吸引观众，增加观众的停留时长，给观众带来更好的观看体验。

4.4.1 注意环境氛围，精心布置直播间

一定会有很多新手会问，布置直播间要需要注意什么呢?

1. 直播间的风格要合适

首先需要注意的是直播间的布置样式，与主播的个人风格及直播主题有很大的关系。直播间的装修要结合自己的行业属性、粉丝群体和运营规划来定位风格。

直播间的风格要以简洁、明亮为主，最好不要使用大面积冷色调和太深、太艳丽的颜色。这种颜色不仅会使画面看起来不够清晰，而且还会让粉丝产生视觉疲劳，甚至有压抑感。最好选用同色系的搭配，这会让粉丝的视觉更舒适，观看的时间也会更久。

2. 背景的设置

直播间的背景可以选用浅色、纯色，以简洁、大方、明亮为主，花哨、杂乱的背景会让人反感。背景最好不要用白色，否则容易反光，在纯色的背景上可以放品牌LOGO或与直播主题相关的装饰。也可以直接放产品陈列，就像某美妆主播的直播间背景就是摆满了口红与美妆产品的货架。

根据自己的行业来设置直播间的背景，如果条件允许，可以将比较重要的产品放置在背景里，这样更有利于产品的介绍和销售。

另外，直播间的背景也要跟自己的直播风格和内容一致，如果是有品牌的，最好跟品牌的视觉效果一致。

3. 直播间要整洁、有序

不管直播的环境是在家里还是在店铺里，首先要保证镜头内的环境整洁有序，空间布置要合理。直播间一般会划分为陈列区、直播区域、其他工作人员活动区，除了直播区域，其他区域一般不会出现在镜头里。

如果是做服装类的直播带货，衣架或衣柜也可以出现在直播间里，但是不能放得乱七八糟，如果摆放不整齐就不要出现在镜头里，衣服的摆放

方法可以参考商场。

直播设备和主播的距离设定好后，就不要随意挪动，设备最好不要在镜头里出现。另外，其他的软装布置也要和整个直播间契合，不能喧宾夺主。

4. 小道具提升效果

在直播间里，还可以摆放一些小道具来提升直播的视觉效果。

例如，毛绒玩偶、绿植、特色摆件、图画等，都能增添直播间的活力，给人以层次感。这些小道具的摆放可以不规律，但是切忌放置过多给人眼光缭乱的感觉。

5. 光线亮度合适

灯光不仅可以制造氛围、营造风格，还能帮主播美化皮肤，合适的灯光可以使人的皮肤看起来白皙透亮。需要注意的是，切忌主播脸上出现光斑，一定要保证脸部光照均匀。如果资金有限，可以尽量找光线明亮的地方直播，如果资金充足，可以购买环形补光灯或其他专业灯。

直播间还可以根据产品的性质来做好灯光搭配，需注意的是，多色混合反而会影响视觉效果，分散观众的注意力。

4.4.2　场地道具设备，有哪些需要注意

在前期的准备方案完成之后，接下来就要进入分工筹备阶段，首先需要筹备的是硬件部分，一般直播用到的硬件设备包括直播场地、直播设备和直播道具三部分。

1. 直播场地

直播场地有户外场地和室内场地两种类型。户外场地一般选在公园、商场、广场和游乐场、景区等地方。根据活动内容的不同，场地的选择有所区别。为了增加直播活动的人气和互动性，尽量选择人流量较为充足的

地点；如果是粉丝见面会或真人秀活动，就要选用封闭性场地，避免中间出现不必要的麻烦；而产品体验、产品演示和培训等内容的直播，则比较适合在办公室、发布会和店铺等场地举办。

目前，比较常见的带货类直播活动，如果本身就是卖家举办，场地可以选在店铺内。例如杭州市嘉里中心负一层的一家网红服装店，直接在店铺内设有直播间。路人通过透明的玻璃窗，就能看见日常的直播活动，而且直播间和售卖区也是分开的，并不会影响日常卖货。

有一些带货主播，本身就有自己的直播场地，在这个场地就可以直接卖货。再者，由于直播所用的设备较为简单，一般直播团队可以随身携带，因此只要需要，一般地方都可以搭建直播间。

2. 直播设备

完善的直播设备，是保证直播活动能顺利开展的必要条件。在直播筹备阶段，一定要反复调试手机、电源、摄像头等设备，以防在直播中出现问题，导致直播中断。

目前主流直播设备是手机，只需在手机中安装好软件，通过手机的摄像头就能直播。一场直播活动最好至少准备两个手机，直播时在两个手机上同时登录账号，以防出现突发状况。

另外，为了避免直播高峰参与的人数过多，导致手机设备出现问题，如果条件允许也可以配备台式电脑。

此外，为了保障直播的顺利进行，呈现更好的效果，还需要一些辅助设备。

（1）电源。

在直播中，几乎所有设备都要用到电源，因此一定要保证电源的稳定。而且由于很多直播都是用手机直播的，尤其是移动直播，对手机的续航能力要求很高。因此要准备好充电设备，随身携带移动充电宝，甚至插线板。

（2）网络。

直播活动的进行离不开正常的网络环境，直播的画面质量和观看体验与网络直接相关。在室内直播时，如果无线网络良好，就要尽量使用无线网络，同时关闭其他不用且占用网络的设备。直播前应对网络情况进行测试，若网络条件不好，应提前解决。

在户外直播时，可能会用到移动网络，这时要购买相应的流量卡或移动Wi-Fi。

（3）支架。

直播时应配备好固定机位支架和防抖支架。固定机位支架有单台手机支架和多台手机支架，单台手机直播可以选用三脚架或懒人手机支架；多台手机直播可以使用多台手机支架，多台手机支架可支持5个以上手机同时直播。

（4）补光灯。

直播时一般是使用前置摄像头拍摄，如果在暗光环境下直播，会影响拍摄效果，最好配合补光机进行补光。购买的补光灯要选用冷光和暖光两用的，直播时同时打开冷光和暖光，避免出现补光灯照得主播肤色偏黄或偏白的情况。另外，也可以直接使用灯光组合，柔光灯、美颜灯、无影灯、反光板一起使用，可以让直播间呈现很好的效果。

（5）麦克风。

为了防止爆音和杂音，在直播时可以使用麦克风，目前主播们用得比较多的是电容麦克风。

（6）提词器。

直播过程中因为有大量的信息需要记忆，因此必要的时候可以准备提词器。比如，手里可以拿一些提示关键信息的手卡，也可以准备一个白板，有需要提醒主播的事情，可以直接写在白板上，如提醒时间和节奏的问题等，都可以在白板上直接提示。

（7）美颜摄像头。

目前市场上专门有卖带有美颜功能的摄像头的，只需安装在手机上即可，一个美颜摄像头，能让主播以更好的形象示人。

（8）背景布。

不同直播间卖的产品不同，需要的氛围也不一样，如有必要可以用背景布、背景板，或者其他物品来布置一下。整体来说简单合适就好，不用刻意装饰。

其实，一场简单的直播，只需有手机、支架和补光灯三种设备即可，但是为了让直播能呈现出更好的效果，直播团队可以根据实际情况选用以上物品，甚至添加其他物品。

3. 直播道具

直播道具一般包括展示产品、周边产品和宣传物料等。

因为带货类直播，产品是整场活动的主角，所以直播中涉及的产品、产品展示架，以及宣传海报、产品玩偶等与产品相关的物料都要提前准备好。

另外，如果场地较大，还要准备台标、胸卡、贴纸、气球等一系列需要在镜头里出现的物料。

Chapter 5

现场执行——注意节奏、互动与卖货技巧

5.1 把握节奏——开场、过程与收尾

在直播的野蛮生长阶段，直播全程基本靠主播随机应变，并不需要专门设计开场、互动和结束环节。秀场类的直播，主播只需对着摄像头聊天、表演才艺；游戏和比赛类的直播，主播只需对着计算机屏幕进行分享、解说即可。但是发展到目前这个阶段，带货类的直播活动，都是要在前期经过设计和准备的。

一场直播活动，在不同阶段要完成不同任务，由获客、激活、留存到最后的变现和传播，主播要做好开场、收尾工作，并在直播过程中与观众积极互动，采取有效的卖货策略，具体策略可参考图5.1所示的AARRR模型。

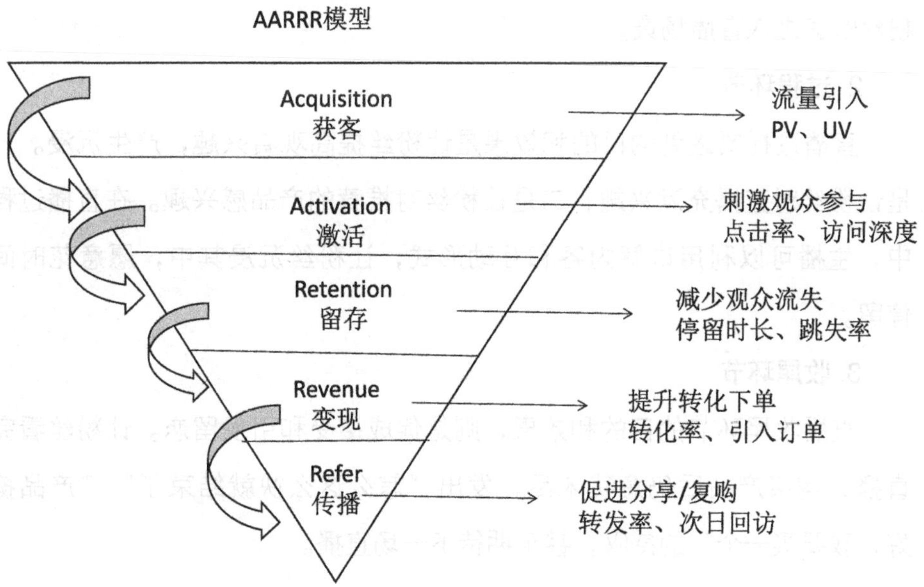

图5.1 AARRR模型

5.1.1 直播环节：开场、过程与收尾

一场完整的直播，基本上由开场、过程和收尾三个环节构成，每一个环节都要达到相应的目的和效果，详见表5.1。

表5.1 不同直播环节的目的和效果

直播环节	目的	效果
开场	获得感知	快速引入
过程	提高兴趣	产生沉浸
收尾	促成接受	引发留恋

一个好的主播，能将获得感知、提高兴趣和促成接受的目的，不露声色地融入直播中。

1. 开场环节

开场环节要达到的目的和效果是让粉丝获取感知，快速引入。主播应第一时间让粉丝了解直播的内容、形式等信息，一场好的直播活动，能让粉丝快速进入直播场景。

2. 过程环节

直播过程要达到的目的和效果是让粉丝提高观看兴趣，产生沉浸。一是让粉丝对直播充满兴趣，二是让粉丝对推荐的产品感兴趣。在直播过程中，主播可以利用讲解内容和互动形式，让粉丝沉浸其中，愿意花时间停留。

3. 收尾环节

直播收尾环节的目的和效果，则是促成接受和引发留恋。让粉丝看完直播、购买产品后仍意犹未尽，发出“怎么这么快就结束了”“产品挺好，我要买一个”的感叹，甚至期待下一场直播。

5.1.2 如何设计，直播开场才引人入胜

直播的开场，是留给观众的第一印象。观众在进入直播间后，一分钟之内就能判定自己会不会停留。索然无味甚至让人讨厌的开场，会让观众第一时间退出直播间；而一个好的直播开场，不仅能吸引观众持续观看，也能给主播起到镇静剂的作用。

这场直播会有趣吗？这个主播是不是魅力独特？要不要继续观看这个直播？进入直播间的观众，会带着一系列疑问，只有得到的答案是肯定的，才会引发他的停留。

在设计直播的开场时，要从五个方面进行考虑。

1. 引发观众的观看兴趣

直播开场时，在直播间的观众一般有两部分来源，一是通过前期在微博、微信等平台的宣传，粉丝点击直播链接进来的观众；另一部分则为在平台随意溜达、出于好奇而误入直播间的观众。

因此，开场设置一定要引发观众持续观看的兴趣，主播可以用有趣的语言，配上相应的道具来调动观众的情绪。以某美妆主播的直播为例，在直播开始之时，他会随着“Hello，大家好，我们来喽，我们来喽”的召唤，做出类似打响指的手势，接着用拍手的方式引起人们的注意，这些动作的配合，能更好地引起观众的关注。

2. 引导观众分享推荐

毕竟通过前期宣传来直播间观看直播的人数有限，同时还会有部分人由于网络问题、临时有事而退出直播间。因此，在开场时主播要主动引导观众，让他们邀请亲朋好友来观看直播，以维持直播间的人气。就像某美妆主播在开场时，会激情饱满地连续喊三遍：“我们的直播开始啦”，继而感谢观众的支持后，又提高声调说：“朋友们可以去群里吼一声，我的直播开始了，让他们赶紧来看直播喽！”

3. 将观众迅速带入场景

由于观看直播的人身处各地，状态不一，有些人在家里，躺在床上休息；有些人在办公室里，利用工作的空隙刷视频；有些人在交通工具上，正在赶往某个地方的途中；有些人则在室外，和一群人在一起闲聊……鉴于这种情况，主播在开场时，一定要在第一时间，将不同情境的人迅速带入直播情境。所以，前面提到的某美妆主播无论是提高音量，连续喊三遍“我们的直播开始啦”，还是后来的拍手动作，都是在告诉观众，要全神贯注看直播啦，迅速将观众带入到直播情境之中。

4. 融入营销目的

一些名人大咖类的直播活动，一般都有品牌商寻求合作，要求品牌露出。同样，如果是商家自家的直播活动，也会有品牌露出的需求。一般情况下，直播中的品牌露出有三种方式：

（1）在开场时，将企业广告语、产品名称或销售口号融入台词。就像我们平时看的综艺节目一样，在开场简单介绍之后，主持人一般都会通过口播形式来点明赞助商，同样直播活动也要在开场时做相关的说明。

（2）利用周围物品进行品牌展示，如品牌的产品、旗子、玩偶、吉祥物等，都可以作为展示的方式。在罗永浩抖音直播的首秀中，开场我们就能看到放在桌子上的两盒奶制品，这就是一种品牌露出。

（3）在开始时特别声明有利于观众的优惠信息，如特价产品、独家链接等，以促成最终的销售。经常看某美妆主播直播的人就会发现，在进行简短的介绍之后，他就会直接引入本次直播要推荐的产品，有什么优惠，让观众做到心中有数。

5. 利用平台的资源支持

像淘宝、抖音和快手等各大平台，除了对购买广告位置的直播间进行推荐，还会将部分人气高、口碑佳的直播间进行展示，并给予一定的流量支持。因此，如果开场能较快集聚人气并能带动观众互动，则可能获取平台给予的资源支持，从而能吸引更多粉丝去直播间观看。

5.1.3 哪种方式，能让观众快速浸入

直播的开场形式有很多，下面我们来介绍常用的六种形式。

1. 直白式

直白式开场，即直播一开始就告诉观众，本次直播的相关信息。其中包含主播的个人简介、直播涉及的话题、直播的时长、直播的流程，等等。另外一些优惠活动，如抽奖、发红包、彩蛋等，也可以提前告知观众，以让观众有所期待。

像淘宝直播以及其他内容平台上的带货类主播，因为观众观看直播的目的比较明确，就是来抢购的，因此，直白式的开场就比较适合。另外，因为在直播预告中已说明时长、流程等信息，如果是大家比较熟悉的主播，也可以将这些步骤省去。

2. 提问式

提问式的直播开场，有利于提升观众的参与感。一方面，在开场向观众抛出问题，可以迅速将观众带入直播情境，激发其思考与直播相关的问题；另一方面，现场观众的回答也可以让主播快速了解观众的基本情况，如所在地域、喜好以及对直播的期待。

如某位主播在一次宠物掉毛产品专场的直播活动中，开场时说："大家好，欢迎来到××直播间，我们此次活动是宠物掉毛产品专场。不知道养宠物的家长，是不是都有这样的苦恼：无论在什么季节，家里的狗毛、猫毛是不是到处飞？我们的衣服上、沙发上是不是沾满了毛？尤其是会偷偷上床的宠物，我们是不是还担心床上有螨虫……如果有类似经历的粉丝，可以在弹幕里扣1，如果有关于宠物掉毛的苦恼，也可以发出来一起

分享。”

像这种提问式的开场，一是直击宠物掉毛的苦恼，引起养宠人士的共鸣；二是能更好将观众带入情境。这种情况下，主播就能更容易推荐吸尘器、除毛刷、床上除螨仪，以及狗粮等宠物用品了。

3. 数据式

在这个大数据时代，数据可以说明一切。在直播的开场，主播也可以将之前的优秀数据拿出来和观众分享，以说明自己的直播或某个产品的受欢迎程度。尤其是专业性较强的直播活动，直播开场就向观众抛出大量数据，可以起到令观众信服的作用。

对于卖货类的直播，也可以在开场时说明："感谢上次直播有××粉丝在线支持，上次××产品特别受欢迎，××万件在××时间内抢光。"

4. 故事式

故事感染力强，受众不分人群，相比枯燥乏味的只言片语，带有情节的故事更能打动人心。利用故事开场，将观众带入卖货所需的场景，能更好地开展后续环节。

例如，综艺节目《向往的生活》，有一期邀请了某淘宝主播作为嘉宾为云南的果农卖货。在开场介绍完各位明星嘉宾后，主持人主动说明“目前因为疫情原因，很多云南当地果农的水果，特别是他们制作的果干滞销，而大家知道水果和果干都有一定的保质期，所以特意借用×××（主播名字）的宝地……”

这种将这次卖货的背景以故事的形式阐述出来，同时给到观众两个信息，一是这些产品来自盛产水果的云南，二是这次卖货是为了帮助当地的果农，更能激发观众的购买欲望。

5. 道具式

借助道具开场是一种常用的烘托气氛的方法。企业产品、团队吉祥物、卡通人物、旗子和标语、场景工具等，都可以作为开场的道具。

其中，场景道具可以根据直播的内容来选取，例如，拍卖类的直播可以选用拍卖槌；知识分享类的直播，可以利用图书作为道具；而卖水果类的直播，可以直接把场地选在果园，将果园里的果树和果子作为道具。

例如，某个动物园的直播活动，主播的开场可以是："大家上午好，我现在是在××动物园里，你们看这里面有好多可爱的动物啊！现在一只长颈鹿向我们走来了，哇，这只长颈鹿还会向大家打招呼呢！"

6. 热点式

在这个信息大爆炸的时代，每天都有各种各样的热点事件出现。因为热点事件是大众普遍关心的问题，更容易将观众带入情境。因此，直播的开场同样也可以利用热点事件引入。

例如，利用"5·20"的节日热点，可以在节日前的直播活动中开场说："马上'5·20'就到啦，给另一半送礼物的时候来了，今天我们在直播间专门为各位准备了精彩好物……"

5.1.4 做好直播结尾，提升直播效果

一般常规的直播活动，结尾部分并不需要进行特殊设计。但是带货类的直播，要以结果为导向，直播结束后要将销售结果作为考核目标。同时，对于主体账号来说，是否增粉也是要关注的重点。

一场直播结束后，要重点解决的问题是流量问题，不管这场直播有多少观看量、多高的点赞数和转发数，随着直播的结束，这些流量都会散去，所以，我们要利用现场直播的流量，在直播结束时，将其引导到销售平台、自媒体平台和粉丝平台，以实现相应的转化、关注和互动目的。直播流量的具体引导方式如图5.2所示。

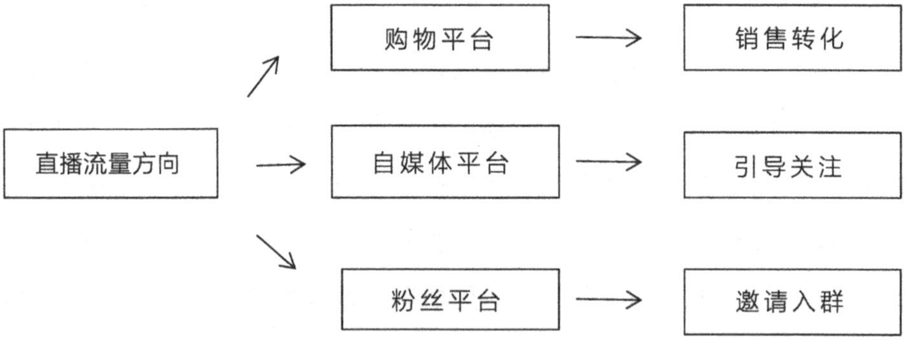

图5.2　直播流量的具体引导方式

1. 销售转化

实现销售转化的目的是指在直播过程中利用购物链接，将流量引到购物平台（官方网址或网店），进而促进产品的销售与转化。

在直播间留到最后的观众，一定是对直播比较感兴趣的，对于这部分观众，主播可以再次强调“感谢各位观看直播，直播结束后大家还可以通过链接（或橱窗）购买产品，只要报上暗号××，就能享受优惠。”

我们强调过很多次，观众来看带货直播，本身就有购物需求，因此，在推销产品时，要明白观众的心理，要能帮他达到省钱或抢到好物的目的，尤其是能看到结束阶段的观众，可以配合发红包或其他活动给予优惠。

2. 引导关注

在直播快要结束的时候，一定不要忘记提醒观众，关注本平台（或其他平台）的账号，以达到增粉的目的。

例如，可以这样说：“我们今天的直播马上就结束了，感谢大家的观看，欢迎大家关注我的微信账号××，提前了解最新的产品和优惠活动，回复××，有惊喜哦！”也可以说：“今天的直播就要结束了，感谢各位捧场，离开直播间时别忘了关注账号哦！”

3. 邀请入群

在直播快结束阶段，可以邀请观众入群，将其导入粉丝平台，进行持续互动。

事实证明，在直播中积极互动的观众，后期更易与主播和主办单位产生更多联系，也更愿意参与后续的直播。对于此类观众，可以在直播结束阶段邀请其入群，进一步将其转化为忠实粉丝。

例如，收尾时可以这样说："这次的直播到这里就结束啦！如果大家想持续和我们互动，可以添加我们的微信小助手，他会拉你入群，他的微信号是××。在群里我们每周五都会发红包，或邀请小伙伴免费试用新品，赶紧一块来玩吧！"

4. 三个注意事项

（1）在直播结束时，一定要向观众表达感谢。

（2）在直播结尾的半个小时，向观众盘点所有产品（抢购秒杀的除外），尤其是重点产品，要照顾到后来直播间的人，不放过任何一个销售机会。

（3）在直播结束前也可以进行下场预告，反复告诉观众下一场直播的时间、产品和优惠，也可以不透露下场直播内容，只做简单邀请。让消费者充满期待，持续关注直播账号。

5.2 注重互动——刺激观众积极参与

大家是否留意过直播间后台数据中"用户平均观看时长"是多久？

用户平均观看时长意味着平均一个用户在直播间里的停留时间。据分析，就算是头部主播，这个数值都到不了10分钟，而普通带货主播的用户平均观看时长更短，才29秒！2020年6月抖音代表性主播用户平均观看时长如表5.2所示。

表5.2　2020年6月抖音代表性主播用户平均观看时长

		用户平均观看时长
明星带货主播	罗××	7分13秒（4场）
	张×	3分16秒（1场）
	王××	1分48秒（1场）
	袁××	1分39秒（1场）
	陈×	2分6秒（2场）
网红带货主播	朱瓜瓜	6分6秒（11场）
	韩国媳妇大露露	3分35秒（18场）
	衣哥	4分3秒（11场）
	熊宝	7分2秒（12场）
	呗呗兔	5分4秒（13场）
普通带货主播		29秒（整体均值）

注：数据来自新榜直播大会

增加用户观看时长的方法有以下三种：

- 戳中用户痛点。
- 激发用户的情绪。
- 建立情感的链接。

由此可见，除了主播的外在形象和直播间的氛围，对用户观看时长起关键作用的就是互动。

5.2.1　带动气氛，让观众主动来互动

有人将直播比作可以互动的长视频，在直播中，观众可以发弹幕和主播进行互动，表达自己的观点和态度；主播也可以回复观众，即时解答观众的疑问。在带货直播间，良好的互动氛围，有利于增加用户的停留时间，促进后续的销售转化；而缺少互动的直播间，则会导致观众的流失，

影响接下来的卖货效果。

在直播平台上，由观众发起的互动形式主要有以下三种。

1. 点赞

为直播视频点赞，是观众向主播表达喜欢的方式认可主播的表现。点赞数不仅仅体现了当场直播的活跃人数，还会让主播的直播排名靠前。无论是抖音还是淘宝等直播平台，排名越靠前，在首页展示的位置就越明显，就能吸引越多的人来观看直播。

2. 弹幕评论

弹幕评论同样是观众和主播交流的一种方式。弹幕评论是针对观众而言的，观众可以通过发送弹幕的形式，向主播表达喜爱、发表观点、提出问题；而主播在看到评论之后能适时进行互动，解决粉丝的要求。

3. 礼物打赏

礼物打赏是观众向主播表达更深层次喜欢的一种举动。礼物同样是直播的一种收入来源，但是要和平台进行分成。礼物形式是依据平台来定的，一般有“玫瑰”“火箭”“跑车”等。

针对观众的点赞、评论和打赏行为，主播一定要及时表达感谢，对送大礼物的粉丝，更是要点名感谢。同时，以上三种形式都代表着直播间的活跃度，点赞数和礼物打赏数也是衡量直播效果的重要指标。

因此，在直播过程中，主播要适时引导观众互动，一些观众虽然十分喜欢主播的分享，但是平时没有点赞的习惯，如果不提醒，可能并不会点赞。当然由于直播带货是以卖货为主，相比主播发起的互动，点赞和打赏并不那么重要，主播可以根据自身的情况来定。

5.2.2 激发粉丝参与，为粉丝送福利

在直播过程中，我们重点解决的问题是观众的留存问题，如果没有较

长的观众停留时间，那么这场直播的销售转化率就可能不高。观众停留的时间越长，才会有越多的互动、加购和转化的可能。在前期没有忠诚粉丝的情况下，最有效的方式就是利益引导。

1. 粉丝有礼，抽奖活动搞起来

抽奖活动很好理解，就是在规定时间段按照一定的规则，选取几名参与互动的观众，赠送相应的奖品。抽奖的时间、频次可以结合自身的情况进行设置。如某淘宝主播一般是在直播开场就开始抽奖，或在介绍完直播包含的重点产品后宣布抽奖，比如，发送暗号“四号大上新”的前五名观众，可以获得口红一支。随着倒计时结束，助理截取评论首页中的前五名观众，宣布获奖名单，让他们自行联系客服。

抽奖活动虽然操作起来比较简单，但是如果利用不当反而会影响预期效果，在实际操作中，经常会出现无规则、无明显告知、无互动、无节奏安排的情况，因此我们要从以下四个方面注意。

（1）采取多种方式预告，让观众第一时间知道。

利用口播、小喇叭公告、悬浮图贴片公告、小黑板等多种形式，来明示抽奖规则和参与的方式，让进来的观众第一时间知道。

（2）明确抽奖规则，不能想抽就抽。

明确抽奖规则，例如，点赞数达到两万个抽129元保温杯，尽量不要将抽奖规则定在固定时间，这样有些观众会等到这个时间点才进来，并不会增加实际的停留，而点赞则是不确定的因素，会让观众一直关注和等待。

（3）要有互动，弹幕设置要有趣、有目的。

到了抽奖的时间点，主播指定观众发布的弹幕内容，要有趣或带有目的性，如“关注主播不迷路”“4月10号大上新”“华为手机五年保修”等，这种抽奖暗号不仅能活跃直播间气氛，还强调了某个目的，增加观众的记忆点。另外在抽奖之前，主播也可以提醒观众关注账号，会增加中奖的概率。

（4）要有节奏安排，最好多次抽奖。

一场直播活动最好要安排好节奏，不要只抽一次奖。在抽完一次奖后随即公布中奖名单，并预告下一波抽奖活动的节点，告诉没有中奖的观众不要失望，接下来在点赞数达到5万个的时候，还会有下一波抽奖。这种方法可以有效提升转粉率和观众停留时长。

2. 直播红包，参与就有福利

为了给观众发放福利，活跃直播间的气氛，直播时，主播也可以在直播间直接发红包。

（1）和观众约定好时间。

如果在本场直播中设置了发红包的福利，主播在开场就要说明，告诉观众在某个时间节点将有红包发送。这样，既向观众们明确了抢红包的时间，又可以激发他们邀请朋友们加入直播间。主播可以告诉观众“10分钟后我们会发红包”“点赞量到1万个就会发红包”。

（2）说明发送红包的平台。

为了活跃直播间的气氛、提高粉丝留存率，一般会在直播间当场发放红包。但是，为了吸引站外平台的流量，也可以将支付宝、微信、微博等平台作为抢红包的平台，这样更有利于直播结束后的效果发酵。不过，这种情况一定要提前告知观众。

（3）倒计时发放红包。

在临近红包发放时间，主播或其他工作人员一定要做好相应的准备。在红包发放前可以喊“5、4、3、2、1”的倒计时，增加抢红包的紧张感，让直播间更有“抢”的气氛。

（4）安排好发红包的节奏。

虽然发红包能有效激活和留存用户，但是红包也不能随便乱发，而是要遵循一定的时间节奏，这样才能起到应有的效果。红包时间排期可参考图5.3。

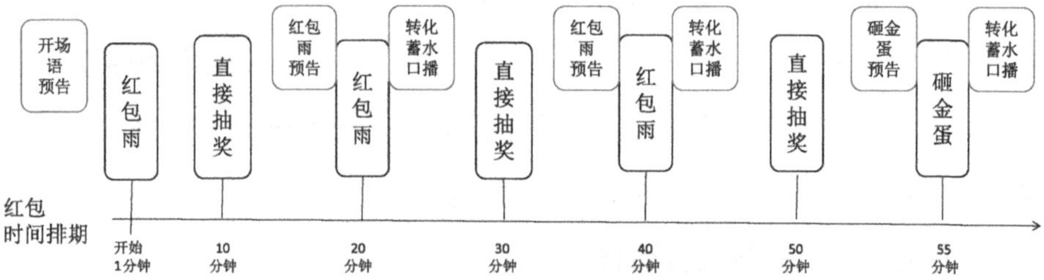

图5.3 红包时间排期示例

除了发红包，还可以利用发放优惠券的方式发送福利，同样可以起到良好的效果。

3. 直播秒杀，疯抢全网最低价

刚开始做直播的商家，尤其适合秒杀的玩法。在前期相对频繁地做秒杀活动，能有效提高直播间的销售转化。秒杀活动的特点在于时间紧迫，要在直播间里营造出哄抢的气氛，让观众觉得如果不抢就是吃亏，丝毫没时间去思考是否需要购买、产品质量如何。一场成功的秒杀活动，不仅能吸引到对价格敏感的观众，还能为自己的直播账号和店铺增粉引流，进而带动其他产品的销售。

我们常见的秒杀活动有专场秒杀和限时秒杀两种。

（1）专场秒杀。

专场秒杀是指整场直播活动卖的产品都是特价处理的产品，这类产品主要是清仓产品。如果商家要在季末清理库存，可以开展专场秒杀的活动，能在短时间内为店铺和账号带来较大的流量。

（2）限时秒杀。

限时秒杀的产品一般为高价值或折扣比较大的产品，这种玩法可以在较短的时间内刺激观众的活跃度，为店铺引流并促进消费。一场直播可以设置多次限时秒杀活动，每次活动时间不要太长，最好不要定在整点时段。

如罗永浩在直播中设置的“大牌半价”环节，就是以限时秒杀的形式来让观众抢购产品。

另外，由于淘宝、抖音、快手等平台的活动设置有所区别，直播时要根据不同平台的要求设置秒杀活动，需要注意的是，秒杀的时间点一定要设置正确。

4. 回答问题，及时解决粉丝难题

在前面提到的由观众主动发起的互动中，我们介绍过弹幕评论这种方式。在带货类的直播中，观众除了用弹幕表达爱意、发表观点，更多的是针对产品的提问。主播在看到观众的提问后，应及时回答问题，但由于现场评论太多，主播只能挑选同类、重要的问题回答。

为了让主播注意到自己的评论，观众在评论时要用词简洁、不要啰唆；如果主播没有注意到评论，可以重复发问。而主播在问答互动中，也要掌握一定的话术。

例如，观众问：“主播多高？多重？这件裙子主播能试穿一下吗？”主播可以回答：“我身高165，体重105，这件裙子的话穿M码，小姐姐可以根据自己的身高体重选择噢！”或者直接告诉观众不同身高体重的人适合的尺码。

直播过程中总有不同的观众问相同的问题，因为直播间的人可能是流动的，后面的人可能并没有看到前面的提问，因此，主播一定要有耐心，能回答的尽量回答。

如果有观众评论：“主播不理我，为什么不回答我的问题？”这时一定要及时安抚他的情绪，并解释说：“我没有不理你哦，弹幕实在太多了，实在抱歉没看到，如果有的提问我没有回答，宝宝可以多刷几遍问题，我看到后一定会回复的”。

另外，有些观众在看直播时，总是犹豫要不要下单，这时我们可以使用一些追单话术，刺激用户完成下单。追单话术可以参考下面几种。

（1）现在线上抢购的人数非常多，我们以收到打款的时间为准，有看中宝贝的小伙伴抓紧时间下单！

（2）这个款式的衣服数量有限，如果喜欢赶紧下单，不然一会儿就抢不到了！

（3）这些产品折扣只在本次活动中有效，错过这个时间，就找不到这个价格了，抓紧时间下单噢！

（4）这款产品只有3分钟秒杀优惠，看中的小伙伴请抓紧时间下单！

（5）还有最后两分钟，喜欢的马上下单！

5.3 掌握策略——让直播销量翻倍

直播电商和传统电商有所不同，在传统电商的图文模式里，尤其是在淘宝网上，商家需要打造爆款，有些品牌甚至卖一个爆款的销售额，就可以占店铺总销售额的30%～40%。而直播卖货模式没有明显的爆款的销售额，主播不能在一场直播中，一直长时间地介绍一个产品。

例如，卖一款面膜，有人介绍的时长是5分钟，有人则可能介绍7分钟，但是在正常情况下，消费者的购买决策时间一般在3分钟左右。而主播要做的，就是集中抓住3分钟时间，让观众下定决心购买产品。

5.3.1 策略一：七大步骤，全面介绍产品

带货类的直播是围绕“货”，也就是产品的售卖进行的。在直播过程中，新手主播最常出现的问题是该讲的不讲，不该讲的说了一堆，要么忘记要讲的内容，要么卖点没说到观众心里。那在直播过程中要怎么讲解产品呢？

可以围绕以下七个步骤进行讲解。

- 这是什么。
- 哪些人适用。
- 为什么要用。
- 有什么优惠。
- 什么时候能买。
- 在哪里购买。
- 最终的价格。

一场直播会讲解多款产品，主播很容易记混淆，或者遗漏关键信息，依照上面提到的关键点辅助记忆，就会减少出错。下面我们来展开讲解。

1. 这是什么

首先一个产品拿到观众眼前，人们首先的疑问就是，这是什么？因此主播应第一时间告诉观众的是，这是××品牌的××产品，然后简单说明其成分、材质、包装和功效。

2. 哪些人适用

在介绍产品时一定要讲清楚适用人群，如“这个是专门为宝宝设计的产品”“这件衣服非常适合胖美眉穿”“这个产品任何人都适用”。

3. 为什么要用

这部分内容才是观众最关心的问题，说白了就是消费者购买这个产品的理由，也就是产品的卖点和重点，因此要特别强调，甚至重复。

4. 有什么优惠

去直播间购物的人很多都是冲着优惠去的，在直播过程中，主播也要多次强调优惠政策，激发观众的消费欲望，强调到手价是多么便宜。

5. 什么时候能买

这点比较容易理解，就是观众了解了产品的信息后，想知道什么时候才能购买产品。因为一场直播活动有环节上的设置，而且产品在直播间的上场也有排序，有些产品是整场直播都可以购买，有些产品是只有限时秒杀时才可以购买，所以主播要讲清楚。

6. 在哪里购买

主播介绍完以上内容，就要告诉观众，几号链接能买到产品。

7. 最终的价格

在观众眼里主播扮演的是选货、砍价的角色，因此，在直播中主播一定要告诉观众，自己跟厂家商量后拿到的最终价格。另外还可以引导现场的观众去分享，拉更多的人进入直播间，当直播间的人数达到多少时，价格又会有什么优惠。

在介绍产品的过程中，有以下两个方面需要注意。

1. 注重要点，多介绍卖点与细节

在准备直播活动的前期，会有专业的产品团队帮主播提炼产品的卖点，以便在直播时能将产品完美地展示出来。直播和图文有所不同，图文是为消费者创建一个场景，然后引导其想象出这个场景，进而完成购买。但直播是将产品直接展现在观众眼前，让观众直观地看到这个产品，而且主播一定要十分了解产品，以解答现场观众的提问。

通常介绍产品的卖点离不开三个方面：一是这个产品有什么特点，二是这个产品有什么优点，三是这个产品对用户有什么益处。总之，在提炼卖点时只要能做到“人无我有，人有我优”，基本就没什么问题了。

另外，需要说明的是，单个产品的讲解时间，最好控制在10分钟以内，要将产品的卖点高频、密集地分享给观众。每个产品给出一两个突出的卖点，直击消费者的需求痛点。因为每个观众停留的时间并不长，所以没有必要将每个卖点一一展开，要做到快、准、狠。

除了介绍必要的卖点，如果一个产品在细节处有小惊喜，也要在讲解时展现出来。

2. 多以消费者的角度讲述产品

在讲述产品的时候，要站在消费者的角度，思考消费者想解决什么目的，达到什么样的效果，这个产品的价格是否合理，换作你自己，你会不会买这个产品。

如某美妆主播在介绍粉底液的时候，会说“这是一款让别人觉得你本身皮肤非常好的粉底液，而不是你化妆技巧特别好的粉底液”。试想涂粉底液最怕出现什么效果？最怕脸上像涂了面粉那样的假白，像涂了一层霜那样厚重，该主播直接告诉观众“这款口红涂完之后呈现的是皮肤好，也就是自然，做你男朋友最温柔的小女人”，让人听完这个介绍，就会联想“我涂了这个口红男朋友就会喜欢”“这个口红让我男朋友觉得我很温柔”，这种站在消费者角度的介绍，直击消费者的痛点，能引起消费者的共鸣，不下单购买才奇怪。

另外除了在卖货方面需要注意，直播时在画面呈现上也有一定的技巧。

1. 画面设置，多采用广角和微距

广角拍摄能产生前景大远景小的效果，直播中利用这种方法，可以突出前景物体，给人以强烈的冲击。而微距可以拍摄细小的东西，对细节进行充分展示。

2. 人和产品，分配好画面比例和时间

需要注意的是，在直播时画面不能一直是主播和嘉宾，也不能一直是产品，尤其是在介绍产品时，主播要特意拿起产品展示，放到镜头前，让观众能更清晰地看到产品。

3. 每2~3分钟，切换一个画面

虽然直播间的场地较小，但是没有变化的画面让人觉得无趣呆板，为了丰富观众的视觉，可以每隔2~3分钟切换一下场景或画面。

5.3.2 策略二：五个诀窍，激发观众购买欲

目前，某位专业带货主播已成直播带货的现象级人物，每次直播完都高居直播卖货榜前列，就连明星都难以匹敌，那么他在卖货时，有什么诀窍呢？

1. 塑造记忆点

线上直播类似于线下做品牌，做得好的线下实体店，都非常注重自己的品牌形象。比如，想吃火锅，找服务好的店家，首选海底捞；想喝奶茶，找有影响力的网红店，第一反应是喜茶。为什么会是这样？因为这两家品牌都有自己的记忆点。

线上直播带货，同样也需要塑造记忆点。还是以某美妆主播为例，他每次在直播中介绍某个产品时，都会喊一句“Oh my god”，以表达自己对某个产品功能的惊叹，让观看直播的人感觉好像亲自试用了一般。另外，他还常说“所有女生”这个词，只要他喊出这个词，就相当于制造了一个焦点瞬间，让观看直播的你，立马想到接下来要有好东西卖了！

这在心理学上，被称之为“戈培尔效应”，就是利用不断的重复，刺激你的大脑，让你记住并产生心理暗示。因此，主播在带货时要适当塑造记忆点。

2. 制造紧张感和稀缺感

很多刚开始做直播的人，都可能会犯一个错误，在推销产品时只会说：“这个产品质量非常好，很多人都买了”“这款产品真的很抢手，赶紧来试一下”，这种不带强烈感情的、模棱两可的话，很难激起消费者的购买欲。

其实，这个时候，应该利用制造紧张感和稀缺感的策略，将产品的抢

手程度量化。

例如，你可以说："这个产品超好，目前已经有20个人下单啦！再不抢真的就没货了！""这次直播只有100件，抢完就没！""还剩最后10套，赶紧下单！"

这种具有紧迫性的用词和直观的数字，更容易激起消费者的购买欲，不仅让消费者感受到了这个产品的抢手程度，还会让他们产生不容错过的感觉。

总之，在直播卖货时，常用"只有××件""还剩几件"的表达，更容易促进转化。

3. 现场展示

在直播间卖货，最好能充分地在现场展示产品，这样可以增加消费者对产品的信任程度。

例如，推荐化妆品时要在现场试用，让观众们能看到效果；卖服装时要有人试穿搭配，在直播间里把细节展示给观众。

因为，线上销售与实体店不同，本身就缺少真实体验这个环节，如果不能让观众真实感受产品，只靠主播天花乱坠地介绍，很难引起观众的信服。

例如，在介绍产品时，可以这样说：

"这件衣服我自己就有一件，面料柔软亲肤，皮肤敏感的人可以直接拿货"。

"这个款式是今年的流行款，很多明星都穿，不挑身材，你看助理穿起来都这么好看"。

"我自己本身肤色偏黄，涂上这款口红，十分显白"。

4. 避免绝对性用词

主播要注意，在面对媒体或有观众的公众场合，讲话内容不要涉及太绝对的用词。主播在介绍产品时，不要说“本产品绝对不过敏”“任何人穿上都好看”“买了一定会喜欢”，等等，因为再好用的产品，效果也会因人而异，如果消费者购买后不满意，利用主播直播时说的话反击，很可能会产生不良后果。

另外，在推荐完产品引导观众下单时，最好不要说“你现在必须下单”“是我的粉丝就一定要买”，这种说法会让观众产生排斥心理，不仅不会下单，还会直接退出直播间或脱粉。

5. 充分引导

前面我们也提到过，主播在卖货之余，还要引导观众进行点赞、转发和关注，为自己的直播积攒人气。

例如，在介绍产品的间歇，可以这样说：

“5分钟后我们抢红包，快把这个机会分享给身边的小姐妹”。

“今天下午我会给大家带来一款好产品，5点开播，关注主播，不容错过哦”。

“麻烦大家多多支持，给我一个小爱心，点个赞呗”。

引导成功后，一定要及时表达感谢，选出某个观众ID名字特意说明，被选中的人会有一种满足感。

直播完后，并不意味着工作已经结束，还有很多后续工作需要完成。

- 在账号内发布产品使用方法，以提升用户体验和用户黏性。
- 与粉丝在群里互动，收集粉丝对产品品质和价格的反馈。
- 直播结束后及时发货，并跟进后续环节。

5.3.3 策略三：六个核心思路，实现直播高转化

一说到直播卖货，我们想到主播卖的产品，大多是服装、零食和日常用品之类，这类产品简单轻便、复购率高，只要价格优惠、质量过关，在

直播间营造的抢购氛围下，粉丝们一般都能当场下单。

但对于某些并无太大折扣或复购率较低的产品，在现场可能并不能马上成交，而是要通过后期的咨询、跟进，进一步促进转化。

如杭州一家做创业服务的公司，公司合伙人都是近千万级流量的商业大咖，这些大咖每次的直播内容，由“分享商业知识+回答现场提问+推荐创业项目”等版块构成，来观看直播的粉丝也都是有创业想法的人。可是，对于粉丝来说，创业毕竟不是小事，要经过前后斟酌，且项目类型也要跟自己的专业或兴趣相关，因此，一场直播完成后并不会像头部主播那样，马上就能促成惊人的成交量。

他们的做法是，在直播过程中，主播通过口播的形式，引导粉丝加上个人微信号，同时助理在屏幕上方配合发送微信号的字幕，再由其他工作人员对来加微信的粉丝进行筛选、意向判定，接着释放优惠，跟进意向强烈的用户，最后才能达成成交。

因此，一场直播完成并不意味着交易结束，或许有意向的观众还会前来咨询。关于直播之后需要做什么，下面我们分步骤进行讲解。

1. 认真回答粉丝的咨询

直播完成之后，还会有粉丝陆续发来询问，不管是通过私信、评论或社群等何种形式提问，都可以让内部人员编辑好统一回复方式。

在抖音、快手等视频号上，一般都有和店铺相关联的橱窗，而账号的首页也都附有联系方式和店铺名称，因此如果视频评论区有咨询，都可以统一回复为：“了解产品信息请添加首页联系方式”“产品橱窗有同款，点击即可购买”。

2. 私聊粉丝，重发产品资料

直播完成之后，还可以对添加了个人微信号的粉丝，重新发一遍产品资料，再次促进转化。发送信息的文案可以参考：“在今天的直播间，我们精选了很多大家喜欢的产品，如果感兴趣请点击链接查看哦”“在今天直播间推荐的产品中，我们发现有一款特别适合你的××，如果感兴趣可私信我哦”“直播间介绍产品的时间有限，我们特意整理了一份详细的资料给您，感兴趣的可联系我哦。”

3. 有效建群，持续互动

一般有一定粉丝量的店铺或达人，都会建立自己的粉丝群，有直播活动也会在群内预告，直播完成后也可以在群内讨论或听取反馈。而对于前面案例提到的情况，在直播中推荐的项目并不能像服装、日用品一样当场下单，而是需要添加主播给出的个人微信号来促成后续成交。这种情况下，可以将新加入的粉丝建群，因为同一批加入咨询的人，一般都对相同的项目感兴趣，拉群后可以对相似问题进行统一回复。

4. 区分真实消费者与非消费者

一般购买服装、日常用品等产品的消费者，购物目的较强，只要所购产品价格合理，并不需要仔细斟酌，因此，真实消费者和非消费者比较好判断。而对于前面案例中提到的，需要添加个人微信来进一步交流的，相关客服人员在添加完微信后，一定要先对粉丝的意图进行询问："很高兴认识您，请问您是对哪个产品感兴趣？""请问有什么问题我能帮到您？"。一般粉丝在看到这样的提问后，会说明自己的来意："我是看中了某款产品，前来咨询一下""请问××项目需要投入多少资金"，如果粉丝单纯是因为喜欢主播而来，则可能会回答："我是××的铁粉儿，希望能认识他，跟他进一步交流""我好喜欢你啊，想认识一下"。

对于出于不同目的前来加微信的粉丝，则可以区别处理，例如，进行分组管理，或者拉入不同的群等，最好做到有效甄别，从中筛选出真实消费者。

5. 对意向强烈的消费者持续跟进

从前面的环节筛选出意向消费者后，就要对这些消费者进行持续跟进。服装、日常用品等产品，从咨询到下单的周期短，粉丝购物目的性强，并不十分需要后面的持续跟进，一般聊几句就能产生结果。而对于投入较多的大件产品，可能跟进周期比较长。还是以前面的案例为例，在甄选出有真实消费者后，要安排客服人员直接通过电话来沟通，进一步洽谈产品细节。如果经过一两轮的电话沟通后，消费者没有下单，还要进行后续跟进。

6. 释放优惠，促进产品成交

最后，为了促进后续的产品成交，可以适当释放优惠。尤其是对于稍有犹豫的消费者，可以适当给予小优惠，例如，送口令红包、赠优惠券甚至是给一定的折扣。要让粉丝觉得值得，商家给出了有原则性地让步，促进购买。因为这种情况比较多见，处理起来比较简单，所以我们就不再多做赘述。

需要提醒的是，不同产品所采取的方法方式不同，商家要根据自己的情况，多思考、多借鉴，切不可直接照搬。

5.3.4 策略四：三大重点与注意事项，避免踩雷

与提前录播的视频节目有所不同，直播活动是即时地将现场画面呈现在观众面前。这就意味着，主播的一言一行，都会被观众看得清清楚楚，如有不当言论和举动，就会引起网友的吐槽和刷屏。因此，直播带货时应注意以下三个方面。

1. 要强调重点，减少自娱自乐

这类问题多见于新入门的主播。很多新手主播不知道直播前要准备脚本，直播效果完全靠现场发挥，回答观众的问题也没有技巧，讲解产品时

也没有重点，只顾一个人在直播间自娱自乐。

主播应谨记，带货类直播的目标很明确，就是为了卖货。看过“口红一哥”直播的人会发现，他的每一场直播都是精心准备过的，而且在介绍每一款产品时，他都会重点提炼一两个卖点，然后围绕卖点，一一进行阐述。

来看带货类直播的观众，一般都是带着购物目的而来，如果主播讲述的内容不吸引人，观众则会直接退出直播间。

2. 多与观众互动，不要粗暴推销

卖货固然重要，但和观众的互动必不可少。事实表明，互动感强的直播间，更容易刺激观众产生冲动消费，而一味地粗暴推销，只会让直播间冷场。

尤其是没有直播带货经验的新主播，往往将注意力花在制订好的直播计划上，唯恐直播没有按照既定流程进行，只会一门心思生硬地卖货。

前面的章节已经介绍过五种与观众互动的方式，此外，可以在推荐产品的间歇，给观众讲个笑话，聊聊天，活跃一下直播间的气氛。

同时，还可以在语言上有所引导。例如：

（1）有人进入直播间，可以说一句：“欢迎××宝宝进入直播间……”

（2）介绍完产品，可以说：“你们有什么疑问？请直接留言。”

（3）在直播结束时，特别强调几位支持自己的观众：“尤其感谢观众××和粉丝××，希望你们下次再来。”

3. 注意节奏，防止被打扰

直播时的节奏安排要适当，太快容易让观众跟不上，太慢又给观众拖沓的感觉。像罗永浩的首次直播带货中，前面40分钟只分享了3个产品，现场助理只能频频举牌提醒超时。

因此，直播时一定要安排好时间节奏，如现场情况有变，可以适当调整，但是不能被观众的反应带偏。如果开启下一个话题的时间到了，而观众还沉浸在之前的讨论之中，这时可以适当引导："今天时间有限，关于上一个话题可以稍后群内再讨论，现在我们进入下一个环节。"

纯卖货类的直播，需要一直回复观众咨询产品的问题，但是某些课程类的直播，如果主播总是停下来回答观众的问题，就会耽误课程的进度，这种情况可以配备一个课程助手，主播只需偶尔互动一下，其他问题由助手来回复。

另外，需要提醒的是，要理性地对待弹幕评论。在直播过程中受到观众的指责和批评不可避免，切不可以因为过度关注负面评价影响自己的心态，也不要过分争执导致直播进度拖延。

总之，主播要有选择地对待观众的评论，积极回应表扬和点赞；适当采纳善意的建议；正面的批评，可以大方地接受，甚至幽默地化解；而恶意的污蔑，则可以置之不理。

时刻要记住，主播要掌控直播活动的全场，自己必须注意好节奏，避免被周围的事物影响。

最后，有个严肃的问题，那就是直播结束后，一定要及时关闭摄像头，切忌在关闭摄像头之前说不必要的话，露出不该露出的画面。

5.3.5 策略五：六个方法，不怕现场"翻车"

说起大型"翻车"现场，在直播带货中并不少见。

例如，某美妆类主播曾在直播间介绍一款不粘锅时，在一旁演示煎鸡蛋的"小助理"直接"翻车"，这款被称为"又便宜又实用"的不粘锅，直接将凝固的鸡蛋粘住了。某主播在抖音直播首秀上，误将"极米投影仪"说成"坚果投影仪"，身边的工作人员提醒后，罗永浩马上起身鞠躬向极米品牌方道歉。某主播在直播间介绍某品牌的豆浆机时，声称会送代言明星的手办，但是却有网友评论说想要其他明星的，此时她的一句无心之言，引起了品牌代言明星粉丝们的纷纷围攻。

无独有偶，格力电器董事长的直播首秀，现场故障重重，网卡、没有声音、画面丢失，问题不断。快手某头部主播，因和另外一位达人发生矛盾，引发两人粉丝口水大战，场面一度失控。不仅如此，某主持人因使用“绝对”这种夸张词汇违反《广告法》，某明星推荐的金蟹阁大闸蟹，买券后无法提货……

总之，直播带货现场出现的“翻车”事故数不胜数。但是总结来看，出现的问题集中在3个方面，如表5.3所示。

表5.3　直播带货常见问题及其表现

问　　题	表　　现
专业设备问题	网络不畅、语音消失、画面丢失等
主播的专业素养问题	用语不文明、说话太绝对、表达不当、倡导不正确价值观
产品相关问题	选品不严，质量出现问题；缺乏商家背景调查，售卖价格虚假、演示产品和发货产品不符及其他；不熟悉产品，产品介绍、价格说错、现场操作出现故障等

针对这三类问题，我们提出了以下解决方案。

1. 选取高质量网络、设备，并做好调试、跟进工作

（1）在选取直播设备时，最好选购知名品牌的产品。选取有质量保证的设备，可以保证直播的顺畅进行，将硬件和网络出现问题的可能性降到最低。

（2）在开始直播前，专业团队要对网络和硬件进行调试，发现问题及时调整或更换设备，有问题提前解决。

（3）在直播过程中，安排专门人员负责现场跟播。直播设备尽量多准备一份，出现问题及时更换，将不良影响降到最低。

2. 做好主播的专业素养培训

明星和企业家在直播间做直播，由于本身自带光环，且不是专业主播，观众对他们的要求会较为宽松，一般不是十分恶劣的问题，还能被接受。但是对于职业的主播和打算做主播的素人来说，在正式直播前，一定要做好培训工作。

除了响应《网络直播主播管理规范》的要求，主播的素质培养也十分重要。主播不仅要学习语言表达、妆容造型及塑造个人风格，还要了解直播性质、平台风向等。避免因触犯红线或语言不当，带来不必要的麻烦。

3. 做好选品工作，直播前熟悉产品

再次强调，直播前一定要做好选品和背景调查工作。

对于质量有问题、产品不达标、不讲诚信的商家，一定要避免合作。因为主播带货本身靠的就是粉丝的信任，如果选品不当、产品质量差，则会直接影响主播的直播生涯。主播要尽可能地熟悉产品，如果自己不熟悉，可以由旁边的助理，甚至邀请商家人员亲自介绍产品规格，尽量避免出现口误的情况。

对于要进行现场操作示范的产品，一定要提前做好测试，并由熟悉产品操作的人员示范，不熟悉产品的人不要随便插手。

说错品牌、价格或优惠活动的情况，则属于现场不可预知的突发状况。主播除了在直播前熟悉产品，还要在直播时保持冷静、谨慎，尽量少出错。

直播毕竟属于现场活动，出现失误在所难免，解决问题时要遵循三个原则。

1. 及时补救

对于网络卡顿、设备损坏、念错品牌名及操作产品失误等现场问题，能否及时补救才是关键。

例如，罗永浩在直播过程中，将售价23.9元的立白洗衣液说成9.9元，把买两盒发两盒的蝴蝶酥错报成“买两盒发三盒”等，都是在第一时间联系商家，采取补差价、补发货品等措施，并自愿承担损失。在直播结束之后，罗永浩又在微博上发视频进行说明，以打消粉丝们的疑虑，而粉丝们也隔着屏幕，感受到了他十足的诚意。

2. 后续跟进

2020年3月31日，中国消费者协会发布的《直播电商购物消费者满意度在线调查报告》中指出，消费者对直播购物的两大顾虑分别是“担心产品质量没有保障”“担心售后问题”。

直播购物的基础是信任，主播在直播带货过程中要赢得商家的信任，同时维护好粉丝和消费者的信任。除了要在前期做好产品的选择和获取精准的信息，从根源上解决信息和质量不达标的问题，还要对销售出去的产品进行后续跟踪，听取消费者反馈，出现问题及时与商家联系并处理。

例如，罗永浩曾在直播间推荐“花点时间”的鲜花，“5·20”当天就有粉丝反映收到的玫瑰打蔫、腐烂。当晚，罗永浩通过微博、公众号致歉，并给予双倍现金返还的补偿。

3. 诚恳致歉

出现失误之后，主播的态度也很重要。如果是当场失言或念错品牌名称、说错产品价格等，应第一时间承认自己的失误。注意态度一定要诚恳，如罗永浩意识到说错品牌名称后，立马90度鞠躬以表歉意。某美妆主播在自己的直播间发表了不当言论后，也在第二天的微博上诚挚地道歉。

而关于“玫瑰花‘翻车’”事件，罗永浩对粉丝的回复也是“收到，非常非常非常抱歉。正在严肃追究责任（事先有协议约束），如果他们不及时给大家一个交代，我们也会给，请放心。”

Chapter 6

复盘与维护，让带货水平直线上升

6.1 做好复盘，让直播工作更出色

复盘，本身是围棋中的一个术语，意思是在下完一盘棋后，要重新再摆一遍，分析哪里下得好，哪里有失误，下得好的地方要继续保持，下得不好的地方要探究更好的方法。复盘，是棋手们提升棋力的主要方法，同时，也被很多企业作为重要的总结方法。

通常而言，复盘分为回顾、反思、探究和提升四个阶段，也就是回顾事件的目标和过程、反思事件发生的原因、探究事件发展的规律、提升解决问题的能力。

目前，复盘已经成为大家日常工作中的必要一环。一个工作完成之后，就可以参考这个思路进行分析。

6.1.1 从罗永浩直播看复盘的重要性

优秀的直播团队，在直播后做的第一件事就是复盘。

直播复盘的意思很好理解，简单来说，就是在直播结束后，对直播的各项数据指标进行分析，其中包含直播预热、直播引流、直播表现、带货变现等，总结直播中的优点与不足之处，优化下一场直播，进而达到更好的直播效果。

以罗永浩前两次直播为例，我们做一下简单的复盘：

罗永浩在抖音直播间开展卖货首秀，曾创下带货新纪录，下面我们先看下数据：

- 累计观看人数：4892.2万人次。
- 销售额：1.9亿元。
- 订单：90.0万单。
- 音浪收入：362.3万个。

从数据上来看，这无疑是一场非常成功的直播，第一次直播就能取得这样的成绩，原因在于：

（1）抖音签约罗永浩后，对这场直播进行了全方位的宣传，引起了全网关注。

（2）罗永浩本身就是一个话题人物，这次抖音直播首秀，让全网对他充满了期待。而且他毫不避讳直播带货是为了还债，让人能产生支持他的心理。

（3）直播产品较为丰富，且选品多含男性偏好的数码产品，价格较为合理，购买率高。

但是，由于缺少直播经验，在直播中也存在很多的不足：

（1）直播缺少激情，语速慢、拖沓，有时让人觉得无聊。

（2）时间节奏有待提高，品牌展示时间忽长忽短，缺乏条理，例如，前三个品牌的展示花了近40分钟。

（3）精力不足，前半个小时精力还较为充沛，后半场精力明显不足。

（4）产品介绍混乱，甚至念错名牌名称，对美妆、美食类产品较为生疏，坚果投影仪说成极米投影仪。

（5）互动少、过于“佛系”，导致直播间人气逐渐降低。

从以上分析中可以看出，身为带货主播，一定要充满激情、熟悉产品、多和粉丝互动，以营造抢购的氛围，进而提升销售转化率。

罗永浩团队对第一场直播做过复盘之后，在4月10日的第二场直播中就没有再出现类似问题。他们在复盘之后改进了以下方面。

（1）将PPT展现产品的形式换为屏幕悬窗形式，在直播的屏幕上方，显示价格、折扣、产品特点。

（2）与观众增强互动，对粉丝的打赏表示感谢，同时引导观众关注。

（3）规范了产品介绍、上架流程，同时改善了团队的选品问题，在售卖某些产品时，对可能出现的情况还会做出预判和提醒。

通过分析罗永浩的直播复盘，我们可以明显看到其改进后的效果。只有对每场直播进行复盘，才能使以后的每一场直播更加完善，下面我们来集中总结一下复盘的重要性。

1. 强化目标，分析得失

每场直播我们都会设定相应的目标，并准备尽可能细化的脚本。直播完成后，针对直播反复回顾，查看脚本是否存在遗漏，并清晰了解整个直播过程中的得与失。这个过程可以让团队人员更加明确直播的目标，更利于以后的目标达成。

2. 发现规律，使工作流程化

任何工作都是有步骤、有流程的，在直播时，也有一些固定的操作步骤和流程，如果将操作步骤和流程固定下来，可以起到事半功倍的效果。这些流程和步骤并不是一成不变的，不同的直播间和直播内容，有自己的特点和形式，大家可以根据自己的需求，不断摸索适合自己的方式，让自己的直播工作更加流程化。

3. 复制技巧，吸取成功经验

每场直播都有做得不好的地方，也有做得好的地方。将值得借鉴的地方总结下来，就是以后能直接参照的经验。例如，在直播中，因主播说的某句话或某个举动使点赞量或下单转化率激增，就可以在下次直播中继续沿用。

4. 纠正错误，完善直播

每次直播都可能或多或少出现失误，只要找到这些失误的原因，然后在以后的直播中做好预案，就会减少类似问题出现。对于出现的失误，可以分析一下是可以提前避免的问题，还是随机的突发状况。

5. 将经验转化成能力

直播是现场活动，遭遇突发状况必不可免，如果自己能及时化解，就会逐渐积累经验，以后遇到突发情况便可以冷静对待，甚至可以巧妙化解。

6.1.2 复盘核心思路：数据分析、经验总结

每个直播团队的情况有别，具体实施复盘时，要结合自己的实际情况。一般可以按照回顾目标、分析数据、经验总结、分析团队成员、复盘归档等版块进行。

1. 回顾目标：看设定的目标和结果

设定直播目标并非易事，尤其是刚入门的新手，没有参考目标，也不知道自己能达到什么水平。在这种情况下，可以多研究同行，结合同行的数据分析情况，然后再根据自己的需求预期，设立初始目标。

在分析同行或行业时，我们可以借助第三方工具，如婵妈妈、知瓜数据等。通过第三方数据我们可以看到主播及产品的排行榜，同时也可以看到自己的带货数据等。

基于同行的平均数据水平，我们可以设定一个合理的目标，如每天涨多少个粉丝，产品要有多少点击量，能完成多少个订单等，将这些可量化的目标列出，然后再结合自己的预期数据，就可以完成本场直播的预定目标。

直播完成之后，可以回顾开始设定的目标，然后拿这次的直播结果和目标做对比，进而定义这场直播成功与否。

需要说明的是，对于直播卖货来说，卖货才是最主要的目标，其他目标都是附带的，如果一场直播结束，空涨粉丝而销售转化率低，也要去分析原因。

同时，在设立目标时要实事求是，不能脱离现实设立虚高的目标，否则对整个直播团队都是打击。

2. 分析数据：数据比感觉更可靠

大数据时代，一切都是数据说了算，就算在直播过程中自我感觉良好，但是最后数据一塌糊涂，照样是一场不成功的直播。

刚做直播的人，数据样本不足，不能看出数据的趋势与波动，也无法总结平台的算法与规则，建议实践一段时间后，通过各方面的数据来对比衡量。主要关注的方面可以是数据的波动，以及影响数据的操作。

通过直播平台，我们可以直观地看到主播、粉丝及产品的相关数据，然后逐一进行对比分析，一般关注的数据为直播时长、粉丝停留时间、互动数、增粉数、产品点击数及订单数等。

例如，汪涵做的一场“向美好出发”的直播，从19:30开始至00:58，直播时长达5小时28分，观看数共计2100万人次，点赞数1700万个，在线打赏10万人次，涨粉55.1万人，带货销量约23万件，实际成交额预计为2800万元。（不含汽车锁定成交额1.28亿元）“向美好出发”直播基本数值如表6.1所示。

表6.1 “向美好出发”直播基本数值

观看次数	点赞数	评论数	人气峰值	涨粉数	进店数
2100万人次	1700万个	2.25万条	14.59万人次	55.10万人	4.00万人

注：数据来自知瓜数据

从知瓜数据的分钟实时监测来看，在8:00汪涵出场的时间点，直播间在线人数和粉丝增长人数直线暴增，如图6.1所示。

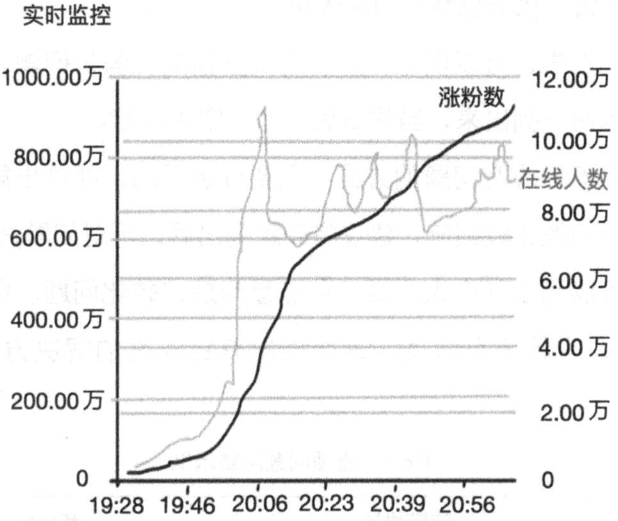

图6.1 “向美好出发”直播实时监控数据

数据来自知瓜数据

本场直播在22:30时，在线人数达到最高，有14.59万人在线观看，22:30以后人数逐渐下降。

同时我们也可以看到成交产品的相关信息，例如，产品销量TOP10的情况。

除了观看本场直播数据，分析本场直播的情况，还可以与之前的直播数据做对比，无论数据出现上升还是下降，都可能是由于某个直播细节发生了改变。

诸如直播时长越短得到平台的推荐就越少，进而直播间的观看人数就少；改进直播间的标题和封面图，也可能导致观看人数的增多。有些不仅跟自己的操作有关，还可能跟平台的算法有关。

一般来说，淘宝直播的流量推荐与直播时长有关，时长越长，排名就越靠前，因此，对于商家来说，单场直播建议时长在8小时以上。

经过每次的数据分析，不仅能看出本次直播和以往直播数据的变化，还能摸清门道，掌握更多影响数据的因素。

3. 经验总结：优势总结与问题改进

通过数据报告，可以明显分析出本次直播的优势与问题，针对做得好的地方，可以逐一列出来，当作日后工作的宝贵经验。

对于做得不好或有问题的方面，则要分析原因，并给出解决方法。由于每次出现的问题比较琐碎，建议将问题列出后，再对问题进行归类。

例如，可以列出几个大方面，如流量问题、转化问题、留存问题等，然后将找出的问题依次归类，进而给出有针对性的解决方案，以表6.2为例。

表6.2　直播问题总结示例

问题分类	问题描述	解决方法
流量问题	直播间浏览次数较少，观看人数较少	设定好直播类目与标签，做好预热，引导分享
转化率问题		
留存率问题		

可能大家有个疑问，对于出现的问题，解决到什么程度才算是真正解决了？其实不用太纠结这个问题，只要数据是朝好的方向发展的，那就说明改进的方法有成效。但是需要注意的是，任何事情都有限度，一直保持数据增长也不太可能。因此，只要数据总体趋势是好的，就说明方法是有效的。

总之，不断复盘，进行经验总结，输出可复制的案例，找出问题，列出改进措施。

4. 分析团队成员：需要人为分析

对于直播的结果和各方面的影响因素，可以通过直观的数据来呈现，但是关于团队的复盘是很难通过数据来考核的，可能需要通过人为判断。如果有必要，可以查看回播记录，找出具体是哪些方面存在问题。

另外，每一场完整的直播工作内容要尽可能细化，并指定给相应的人去负责。在复盘的过程中，可以针对每一个环节，如直播间搭建、直播设备调试、主播现场表现、助理配合情况等进行分析。

同样，以上内容也可以通过表格的方式来呈现，并将相关负责人的表现记录在册，也可以依据直播脚本，考核成员的具体执行情况。

例如，在20:30主推某款产品，助理要提前准备产品并提醒主播做好衔接工作。到具体时间点，可以考察该助理是否执行到位，以优良差三个等级对其表现评分，并设定好对应的换算分数。以此方法，对每个成员进行考核。这样，在复盘的时候，就能明确找出哪一个环节的哪个负责人，犯了什么错误，该如何解决。

另外，直播现场突发状况很多，团队成员要做好预案。在每一场直播中，哪些问题是可控的，哪些问题是不可控的，都要提前预知。如果出现问题，最好能马上拿出解决方案。

例如，某主播在直播过程中就多次出现“翻车”的情况，有些情况属于不可控的突发状况，但直播设备的准备和稳定性是可控的，例如，现场灯光设备出现问题，可以马上换一个。

一场成功的直播是团队共同努力的结果，只有每个成员的工作都执行到位，才有可能获得一个好的直播成绩。

5. 复盘归档：数据记录、存档案例

复盘记录就是做最后的总结，一场直播无非人、货、场三个方面，总结的问题也围绕这几个角度进行。

数据记录一般包括直播间复盘数据、产品复盘数据、团队复盘数据，将这些数据记录下来以后，分别针对预期目标和达成目标进行对比，输出结果后，对其进行归纳分类，并给出有效的解决方案，最后用表格记录下来。

另外，如果想复盘到位，还可以听取粉丝的反馈，这些反馈内容可以是平台上的评论、私信、在线客服消息，以及预热阶段在媒体和社交平台上收到的反馈。

粉丝反馈的内容，可以依次整理到需改进的问题那里，也可以设立独立的版块来进行分析，并给出解决方案。

6.2 四种方法，做好直播粉丝维护

一场直播结束后，除了要进行复盘，还要做好粉丝维护，以防粉丝流失。前面我们提到过，在直播的过程中可以引导观众加入社群，观看同一场直播的人，由于有共同的观看体验和话题，更容易与主播产生持续互动。这样，直播结束后，可以定期维护粉丝，常与粉丝互动、交流，并适当发起活动，从而实现观众—粉丝—消费者—忠实消费者的转变。

维护粉丝，我们常用的方法有四种，下面将展开介绍。

6.2.1 激活粉丝，策划线上活动

在建立粉丝群初期，直播团队的运营者可以策划一系列的线上活动，让加入社群的粉丝有熟悉感。线上活动不受地点、天气影响，更容易举办、参与，因此可以多举办线上活动。

下面来介绍五种带货类社群的线上活动。

1. 猜价格

活动：猜价格

目的：产品推送、上架预热、促进下单

时间：每周五12:00—13:00

地点：线上粉丝群

玩法：猜某款产品的价格（折后价）

奖励：6个免单名额

注意事项：避免选价格易猜出的产品

猜价格的活动，比较适用于产品上新或新品发布之前的互动，第二天秒杀、限量产品的上架，也同样适用。这种活动的玩法比直接推送产品或广告更有效，不仅可以活跃粉丝，还有利于促进第二天的产品的下单。

具体操作方法：群主或运营人员提前告知大家有活动，然后在群内发出产品，让粉丝猜产品的价格，猜对的粉丝可以免费获得产品或提前体验产品。活动以速度和准确率为标准，如果没有粉丝猜对，则选择数字最接近的即可。

2. 红包雨

活动：红包雨

目的：打造爆品、活跃粉丝

时间：每周六15:00—15:30

地点：线上粉丝群

玩法：发5~10个红包

奖励：产品体验

注意事项：同时配合问答形式一起做

群主或运营人员，可以每周或每月选一个产品，在粉丝群里主推，以打造爆品。

具体方法：在固定时间点，用5~10波的红包雨来激活粉丝，利用大红包+多个小红包的策略，一方面可以检验在线人数，另一方面可以测试本群的粉丝活跃度。

需要注意的是，红包雨并不是单纯向粉丝发红包，而是要结合某个事件或推送某个产品来做。例如，先发一波红包雨，可以发动粉丝们去分享、下单，结束之后，还可以对最活跃的粉丝进行爆品免单奖励，或者发送产品优惠券。同时，这个活动也可以配合问答形式，答对者可获得奖励。

3. 集赞

活动：集赞

目的：曝光品牌、活跃粉丝

时间：每周日14:30—15:00

地点：线上粉丝群

玩法：发朋友圈集赞

奖励：免单、优惠券

注意事项：设定好集赞截止时间

我们在朋友圈经常看到集赞的活动，这个活动不仅可以提高品牌或产品的知名度，还可以加强自己与群友、好友的互动，低成本促进品牌和产品的传播。

这种活动的玩法很简单，就是群主或运营人员发送一个图片或某一款产品的链接，让粉丝转发朋友圈并集赞（数量一般设定为50个或100个），对于完成集赞或集赞数量最多的粉丝，发送无门槛优惠券或免单一件。

4. 掷骰子

活动：掷骰子

目的：推送产品、活跃粉丝

时间：每周三19:00—19:30

地点：线上粉丝群

玩法：猜骰子比大小

奖励：发送红包、优惠券

注意事项：提前预热，控制参与人数

估计大家都玩过掷骰子的游戏，这种游戏可用于提高群内日常活跃度，或者作为推送产品前的预热互动。为了提高粉丝的参与感和互动感，可以发放大量优惠券，提高中奖率。

具体操作方法：在微信表情包中有骰子的图标，群主或运营者可以指定点数，然后让群中的粉丝来参与，最先抛出正确点数的人获胜。获胜的人可以获得指定红包或无门槛优惠券的奖励。

5. 晒单日

活动：晒单日

目的：活跃粉丝、促进销售

时间：每周日

地点：线上粉丝群

玩法：对晒单者进行不同程度的奖励

奖励：红包、优惠券

注意事项：限定购物时间、参与人数

这个活动是用一周的最后一天来进行总结，群主或运营者可以发动粉丝，让他们分享购买产品的心得，将他们的试穿或试用结果用图片呈现出来。对于主动分享购物心得的粉丝，可以给予一定的奖励，如红包或优惠券等。

这种活动因为是粉丝真实参与的，比较容易获得其他人的信任，在促进群活跃的同时，也可以带动相关产品的销售。但是需要注意的是，粉丝的分享最好是正面评价，因为负面评价会引起不良反应。因此，群主或运营者可以提前找粉丝沟通，或主动找有良好购物体验的粉丝分享。另外，为了避免群内有粉丝发表产品的负面评价，可以在群公告里声明，有问题直接联系群主。

以上活动的玩法和时间，可以根据自身的具体情况来实行，不用刻意照搬。遇到突发情况也要及时调整。

6.2.2 刺激消费，分享最新消息

直播带货粉丝群，虽然是卖货积攒起来的粉丝，但是平时最好也能营造“好玩”“有意思”的氛围，不然就很容易沦落为广告群。

对于商家来说，一般对外公布的广告、购买提示最好不要直接发到群里，否则会引起粉丝的反感，导致参与度降低。既然是自己的内部粉丝群，就要给到外面其他人享受不到的优惠。定期在群内分享最新的消息，可以有效提升粉丝的好感。

可以分享给群内粉丝的信息有以下几种。

1. 专属折扣链接

为了回馈粉丝，群主或运营者可以在群内发送一些只有群内的成员才可以享受到的专属折扣福利。

2. 爆款、新品提前预购

既然是粉丝群，就要让粉丝们感受到自己身份的特别，商家可以在群内提前发布爆款、新品，给粉丝提前预订的福利。

3. 商家红包口令

除了以上两种优惠活动，商家还可以直接向粉丝发送口令红包。商家的口令红包一般在支付宝里就可以设置。口令红包同样是一种宣传，在红包界面上可以显示品牌标识、宣传语，而且还可以设置分享功能，对商家

来说是一次高性价比的广告。

4. 新品内购网址

一般品牌对内部员工都设有优享价，内部员工购买自家产品，可以享受一定的折扣。如服装品牌ONLY、SELECTED都有自己的内购网。为了让自己的粉丝享受到福利，商家可以对新品设置内购网址，并分享给粉丝，粉丝则可以按照内购优惠购买产品。

5. 买即赠暗号

很多明星的粉丝私下见面都有自己的暗号，例如，TFBOYS的粉丝接头，其中一个暗号为“澄海不会暗，我啵不会散”；演员王凯的粉丝暗号为“办卡”，这些令人摸不到头脑的词语，只有同为粉丝的人才能明白。同样，商家也将此方法用在了卖货上，为了辨别来者是否为自己的粉丝，并让“真粉”领到专属的福利，一些商家在特殊的节日，也会搞说暗号参与买赠活动。

例如，在搞促销活动期间，赫莲娜品牌的活动是，只要说出暗号“小拓”，就能享受“预售订单金额满980元加赠绷带礼5ml”的优惠；娇兰佳人品牌只要给出“娇宠你”的暗号，就可以获得“21号专享帝皇蜂姿晚霜3ml”。

另外，如果是来自某个主播推荐的，也可以注明主播名称领取福利。例如，倩碧品牌的活动是，报某美妆类主播的名字，“购维C安瓶，即赠同款安瓶一只”。

6.2.3 粉丝互动，邀请直播参与

邀请粉丝参与直播，也是与粉丝互动的方式之一。可以邀请粉丝们当“军师”，参与策划下次的直播活动，这样一方面能减轻自身运营的压力，从粉丝中挖掘设计、文案、推广人才；另一方面可以增强粉丝的参与感和成就感，让粉丝自愿参与到直播的工作之中，为直播活动的宣传、维

护现场秩序做出贡献。

运营人员可以邀请粉丝参与多个直播环节。

1. 直播筹备环节

在直播的筹备环节，可以邀请粉丝参与选题探讨、场地选择、文案策划、图片设计、主持人票选等。

（1）选题探讨。

在达人号的视频评论里，我们经常能看到粉丝们提出的宝贵建议，表示自己想看哪方面的内容、想了解哪方面的知识，还有粉丝会以私信的形式向达人说明自己的想法。由此可见，粉丝对达人的内容创作有很大的积极性。

因此，如果有粉丝群的话，可以在群内直接和粉丝讨论选题，也可以在视频里向粉丝征集意见，或者在直播时和粉丝连线，甚至以评论的形式和粉丝进行讨论。

（2）场地选择。

在举办线下直播活动时，会涉及场地选择的问题，将场地选择在哪里，哪个场地更好，粉丝有没有人脉，甚至是粉丝中有没有正好就是做场地承包的人，这些都是可以邀请粉丝参与的内容。

例如，《创业找崔磊》的达人崔磊，因为有很多省市的地域群，在举办线下活动时，会通知粉丝们自己的行程，询问他们举办活动地点的意见。在一次线下粉丝见面会，正好群内有粉丝做相关工作，免费为这次活动赞助了场地。

（3）文案策划、图片设计。

千万不要小看粉丝的力量，他们之中可能隐藏着某方面的高手，其中不乏出点子、做设计的专业人才。如果文案没有好的思路、想用更好的表达，就可以争取粉丝的意见，甚至可以从粉丝中挑选人才，让其专门负责。

很多粉丝跟随达人一路成长，对达人的各方面都比较了解，因此，更容易做出亮眼的作品。

（4）主持人票选。

某些大型现场直播活动，可能会需要邀请主持人来助阵。这时可以询问粉丝们的意见，看他们觉得哪位主持人比较合适，希望能看到谁，最后选择票数多的人即可。

2. 直播进行环节

在直播进行环节，可以邀请粉丝在直播间互动、线下助威等。

（1）直播间互动。

判断一个直播间是否受欢迎，从参与的人气和互动率就能看出。直播时，互动的方式有评论留言、礼物打赏、连线提问等。达人可以邀请粉丝多多参与，在粉丝提出问题和打赏后，要及时给予反馈，表达感谢。

（2）线下助威。

有些直播活动是线下举行，线上同步直播的。对于这种活动，可以邀请粉丝来线下助威，在现场互动，或请粉丝承担部分工作，维持现场秩序等。

3. 直播结束后续环节

直播结束后，也有很多后续工作要做。粉丝们能帮上忙的，自然是社交平台的分享和转发。如果能发动大部分的粉丝参与，那相当于一次免费的传播，其影响力丝毫不亚于某些专业媒体的曝光。

因此，在直播结束后要引导粉丝转发微博、分享朋友圈，甚至还可以去某些论坛发帖子，发现场视频等。

6.2.4　面对面交流，粉丝线下活动

除了举行线上活动，线下活动更能产生思想的碰撞，情感的交流，达到加深印象的效果。运营者可以适当举行线下交流会，借此机会，也可以

邀请粉丝试用新品，用福利回馈粉丝，听取粉丝意见等，这样不仅有利于了解粉丝的需求，加快产品的改进，还能增强粉丝的归属感和凝聚力。

无论商家还是达人，举办粉丝线下活动已成为惯例，像小米每年年终的时候都会举办“爆米花年度盛典”，邀请“米粉”一起拍照、玩游戏，用丰厚的奖品回馈粉丝。某头部主播的粉丝节，其热闹程度丝毫不亚于一场火爆的晚会。

不过举办一场线下活动并非易事，像这种头部主播举办的有明星参加的大型活动，更需要专业的人员。下面简单介绍一下一场活动包含的基本工作内容。

1. 活动前的准备

在举办活动前期，我们要做好准备工作，一般要准备活动策划案、活动进度表及招商PPT（视情况而定）。

（1）活动策划案的准备。

一份完整的策划案，应包含活动目标、活动内容、活动意义、活动风险控制、活动场地设置、活动物料准备、活动场地人员安排、赞助商合作、讲师或嘉宾报名渠道、活动对接、活动宣传推广、活动费用。直播策划案准备示例如表6.3所示。

表6.3　直播策划案示例

活动目标	确定活动目标之前，做好调研，尽量将目标细化到具体活动流程中
活动内容	活动内容包含主题、方式、文案、时间、地点、参加人员或嘉宾、活动对接和推广渠道等
活动意义	活动带来的好处及意义，如提高粉丝亲密度，增强粉丝的归属感、凝聚力；听取粉丝意见，加速改进产品等
活动风险控制	活动中可能会出现什么风险，并给出相应解决方案
活动场地设置	场地的选择非常重要，一要考虑场地价格，二要考虑容纳人数，三要考虑交通是否方便。另外还要看场地能否提供音响、话筒、LED屏幕、桌椅等设备

续表

活动物料准备	一般包括活动海报、邀请函、横幅、宣传页、签名墙、嘉宾介绍和指引牌等
活动场地人员安排	一般活动需要的人员有主持人、签到人员、接待人员、茶水点心安排人员、摄影师、活动嘉宾等，对这些人员的工作都要安排到位
赞助商合作	为了降低成本，可以拉取一定的赞助商，也可以以资源互换的形式合作
讲师或嘉宾	依据活动主题选择可以邀请到的行业大咖、达人朋友等
报名渠道	如果选择第三方平台统一报名，则提前发布通告，一般平台要对活动进行审核
活动对接	活动要设立专门的对接人员。例如，和嘉宾对接、场地方对接等等，具体一场活动很多细节工作需要一遍遍确认和沟通
活动宣传推广	在活动进行前，要做好宣传预热，一般可以通过媒体平台、朋友圈、报名平台、行业好友、街边电梯LED屏等
活动费用	无可厚非，一场活动肯定要有资金投入，相关人员要做好预算

（2）活动进度表。

为了使活动分工和事项更加清晰，最好做一份活动进度表。活动进度表要包含工作事项、相关负责人、协助者、完成时间、进度记录等。所有成员的工作进度要及时更新，以便主要负责人及时调控。

（3）招商PPT。

这里说的招商PPT，主要是用于拉取一定的品牌赞助。一些明星达人做活动，很多品牌都愿意赞助资金或资源。在拉取赞助时，需要向对方阐明是什么活动、能带来什么好处，以及需要他们提供什么支持。

2. 活动中的执行工作

活动中的执行工作，主要包括准备活动物料、安排相关场地人员、现场活动对接及活动宣传推广。一般活动进行之前，都会现场踩点或提前彩排，相关人员要做好分工，提前布置好现场等。

活动当天，还要提前调试现场设备，如音响、PPT播放、话筒等是否正常使用，同时还要做好入场指引牌等。这些工作基本按照策划方案执行即可，出现问题要注意随机应变，及时解决。

3. 活动后的工作

在活动结束之后，一般还要做相关的公关曝光和活动总结。

（1）公关曝光。

这里的公关曝光是指在媒体平台投放相关的报道，虽然有条件的可以邀请媒体来参加，并由媒体人员撰写稿件报道。但实际情况往往是安排公司内部人员撰写稿件并及时处理现场照片，然后向媒体平台投放。

（2）活动总结。

活动总结相当于一份活动复盘，内容大致包括活动概述、活动效果统计等。重点包括以下两个方面。

- 活动流程：哪些环节衔接不好，哪个环节容易出现问题，以后流程如何优化。
- 现场问题：现场出现了什么问题，以后是否可以避免，并给出相应的改善措施。

反侵权盗版声明